アドバンス
お金になる方法
ワークブック

ギャリー・M・ダグラス

あなたが 100 万ドル持っていようが、50 セント持っていようがそれは関係がない。
お金の問題は誰にとっても手強いものだ。

〜 ギャリー・ダグラス

オリジナルの「**お金になる方法ワークブック**」初版は 1990 年代前半に出版されました。世界中の何万人もの人々が、お金に関してより大きな安らぎと明確さを創り出し、自分の人生により多くを持つためにこの本を利用してきました。

「**アドバンスお金になる方法ワークブック**」は、オリジナル版で取り上げられなかった部分を拾い上げ、どのようにしてお金になるのか、それがあなたにとってどんな意味を持ち得るかについて、さらに進んだ問いかけとプロセスを提供しています。

ぜひ、オリジナルの「**お金になる方法ワークブック**」の全ての問いに答えてから、このワークブックの問いに取り組んでください。

このワークブックの使い方

あらゆる変化、あらゆる可能性の源は、これまで自分が選んできた制限に気づくことです。その制限が何なのか真に気がついた時、あなたはもうそれをリアルだと鵜呑みにしなくなるでしょう。それが私たちが目指している方向です —— お金に関する制限からあなたが自由になること。

このワークブックには問いかけとプロセスがたくさん詰まっていて、あなたがお金について持っている制限に何度も、何度も、何度も、目を向けるようにデザインされています。最終的に「ちょっと待って！これは愚かなものの見方だ。どんな理由があって私はこれを選ぶのだろう？」とあなたが気づくまで。

あなたが選ばない限り、制限は存在しなくても良いものです。

理屈ではありません

このワークブックの問いに取り組んだある女性が、問いによっては３つか４つ以上の答えを出すのに苦労したと話していました。意味さえわからず、問いかけた時に頭が真っ白になるものもあったと言っていました。

これらの問いについて知っておくべきことがあります：問いの中に意味を見出そうとする時、あなたはこの現実に沿った理屈を見つけようとしています。それは物事の実際のありようとは全く関係がありません。

また別の人は、どの問いにも似たような答えばかりが出てくると言っていました。私が「論理的な視点から見ようとしていませんか？」と尋ねると、彼女は「ええ、少し」と言いました。

私は彼女に尋ねました。「お金は本当に論理的ですか？　いいえ、お金はただのエナジーです。あなたは、リアルで真実であるものの唯一の源であるあなたの**気づき**の代わりに、何がリアルで真実かという**理屈**を探そうとし続けています」

あなたにとってリアルで真実であるものの唯一の源は**あなた**です。でも、あなたは論理的であるものの感覚を見出そうとし続けていて、あるいはこの現実や、定義づけ、限定できるもの、または他人が有効と認めるものに目を向けようとしています。あなたにとっての真実が、他の人たちに見えるものを遥かに超えたものだとしたら？　それを見つめることだけが、あなたが自分の経済的現実を創造できる唯一の方法です。

自分のお金の現実を違うレベルに持っていこうとしているのなら、役立つとは思えないような問いにぶつかるでしょう。それらを問いかけ続け、答えを書き出してください。その狙いは、お金に関するあなたの現実を変えることだからです。

何度も問いに答えてください

「お金になる方法」アドバンスクラスに出た男性が、クラスの録音を5回以上聞いているけれど、毎回、違う話が耳に入ってくると言って、私に質問しました。「僕は学んだことを忘れているのでしょうか？これは一体何ですか？」

私は「あなたが制限のさまざまな層をクリアリングする度に、今までとは違う場所から物事が耳に入るようになるのです」と伝えました。

その男性は「そうだと思っていました。以前は見過ごしていたであろうさまざまなものが浮かび、現れています」と言いました。

これが、このワークブックのエクササイズや問いを何度もする必要がある理由です。そうすれば、あなたは今までとは異なる場所から創造するためのドアを開いています —— そして異なる可能性が起こり始めます。物事はそのように機能しています。あなたは何十億年もの間、人生を惨めなものとして創造してきました。ですから、これらの問いを何度かする必要があるかもしれません。

特定のタイミングで特定の問いに2つか3つの答えしか出てこない時は、それがその1日に得られる最大限なのかもしれません。どうしてそうなのかって？　今までお金に関する**無限の可能性**に一度も目を向けたことがないからです。あなたはこの現実に基づいたお金の可能性しか見たことがないので、そうした問いへの答えを持っていないのです。

お金について本当に明確さを持ちたいのなら、これらの問いに何度も何度も答えなくてはなりません。朝に1回答えて、その日、時間を置いてからまた答えれば、さらに新しい回答を2つか3つ、見つけることができるでしょう。それらの回答があなたに得られる全てなのでしょうか？　その日に限って言えばイエスです。しかし、翌日やその週の後半に再び答えることができます。

〜ギャリー・ダグラス

目次

第1章

なることと受け取ること

Being and Receiving

これがあなたへの最初の問いです。答えを 10 個、書き出してください。

問い 1：もし私がなったなら、人生にあり余るお金を創り出すだろう、何になることを私は拒否している？
What am I refusing to be that if I would be it would create too much money in my life?

_____

_____

_____

_____

_____

ずば抜けて素晴らしく、創造的な人生を持つための鍵となる要素の一つは受け取る意欲です。受け取るためには、進んで**なろう**としなくてはなりません。あなたが**なり**たがっていないものは、受け取ることからあなたを遠ざけます。

真の受け取りとは、そこにある全ての情報を受け取れるということです。ものの見方なしに、全てを知覚する能力です。真に望む人生を持とうとするならば、進んで受け取らなくてはなりません。

「お金になる方法」アドバンスクラスの参加者が言いました。「『もし私がなったなら、人生にあり余るお金を創り出すだろう、何になることを私は拒否している？』という問いかけをするうちに、実は可能だったのに自分で拒否していた物事に気がつきました。何がどうあれば、それらをもっと選べるでしょうか？」

あなたが進んでお金全てに**なる**ことを厭わなければ、お金全てを持つことができます。コントロール全てに**なる**ことを厭わなければ、コントロール全てを持つことができます。完全に違うものに**なる**ことを厭わなければ、完全に違うものを持つことができます。

受け取れるものに実際になることからあなたを遠ざける、受け取ることの定義についての何をそれほど必要不可欠で価値があるものにしてきましたか？ それら全て掛ける不可説不可説転を破壊してアンクリエイトしますか？ Right and Wrong, Good and Bad, POD and POC, All 9, Shorts, Boys, and Beyonds.[1]

あなたが何かを定義する時はいつでも、そのものがなれるもの、あなたが受け取れるものを制限しています。定義とは、その定義からして制限だからです。受け取れるものに実際になることからあなたを遠ざける、受け取ることの定義についての何をそれほど必要不可欠で価値があるものにしましたか？

> あなたが本来なれるもので、実際になったなら、持てない、なれない、できない、創造できない、生み出せないとあなたが決めたもの全てを受け取ることを可能にするだろう、何になることをあなたは拒否していますか？　それら全て掛ける不可説不可説転を破壊してアンクリエイトしますか？　Right and Wrong, Good and Bad, POD and POC, All 9, Shorts, Boys, and Beyonds.

この問いに取り組んだクラスの参加者が言いました。「私はどうやら、お金を得るために自分がこうするだろう、こうはしないだろうといった価値のシステムを創っているようです。自分がなることを拒否しているものについての問いかけをする時、ペテン師になることが浮かんできます」

ペテン師とは詐欺師やプロのだまし屋で、嘘をついたり、人をだましたりして自分にお金を渡すように仕向ける人のことです。私は言いました。「ペテン師に**ならない**ようにすることで、あなたはペテン師になり続けています。自分はペテン師ではないと証明するために、ペテン師にならないようにしていますが、結果、ペテンに掛けることなく人々から詐取できるようにしているのです。あなたはペテン師にならないようにするために、自分はペテン師であると既に決めました。この問いかけをしなくてはなりません：もし私がなったなら、人生にあり余るお金を創り出すだろう、何に**なる**ことを私は拒否している？」

「あなたがこの問いかけをしなくてはならないのは、持っている自覚すらない、たくさんのものの見方があるからです。ペテン師や詐欺師になることはおそらく、あなたが持っている何万というものの見方のうちの一つでしょう。あなたは十分にお金を持たなくても良いのだと正当化するために、人生にあり余るお金を創り出すであろう、自分がなれる全てのものにならないようにしています。このように問いかけていません：私が毎年1億ドルを、全ての永遠において持っていたとしたら、それはどんな感じになるだろうか？」

これが2番目の問いです。

---

1. "Right and Wrong, Good and Bad, POD and POC, All 9, Shorts, Boys, and Beyonds." は、アクセス・コンシャスネスのクリアリング・ステイトメントです。この本の巻末で詳しく紹介しています。これらの言葉の意味やどのように機能するのかといった、さらなる情報はこちらのサイトをご覧ください：https://www.accessconsciousness.com/theclearingstatement

問い2：私が毎年1億ドルを全ての永遠において持っていたとしたら、どんな感じになるだろうか？
What would it be like if I had $100 million a year for all eternity?

　私たちの多くはペテン師やだまし屋、詐欺師のように感じています。自分が知っていると知っている時に、知っていることを知っているのを信頼しないからです。自分を疑います。どれだけの疑いを使って、お金を止めていますか？　どれだけの疑いを使って、あなたが選んでいるお金の不足を創り出していますか？

問い3：どれだけの疑いを使って、私が選んでいるお金の不足を創り出している？
How much doubt am I using to create the lack of money I am choosing?

　あなたは全ての可能性の声となることを厭いませんか？　毎年1億ドルを、全ての永遠において持っていたとしたらどんな感じになるでしょうか？　これは一つのエナジーです。あなたが何を**買える**かではなく、何に**なれる**のかということです。

　何かになりたくないとあなたが決めるのは、それが間違いだと思っているからです。例えば私は最近デインに、嘘のつき方を教えなくてはなりませんでした。デインのものの見方は「正直でなくてはならない。真実を、真実の全てを告げなくてはならない、真実以外の何も言ってはいけない、神に誓って！」というものでした。これは誰もがデインに嘘をつける、デインに嘘をつくということを意味し、実際にそうなりました。

　より大きな可能性を創り出すために、あなたは何にでもなり、何でもする意欲を持たなくてはなりません。あなたが巨額のお金を手にしていないただ一つの理由は、より大きな可能性を創るために求められる全てになろう、全てをしようとしていないからです。

　「あんな人にはなりたくない」と言ったとしたら、それはジャッジメントでしょうか？　結論でしょ

うか？　自分に対する定義でしょうか？　そうです。どんな部分でも自分で自分を定義すれば、そこは
あなたが自分の全てになれない場所となります。

いくつの定義を使って、あなたが本来選べるお金を避けていますか？　それら全て掛ける
不可説不可説転を破壊してアンクリエイトしますか？　Right and Wrong, Good and Bad,
POD and POC, All 9, Shorts, Boys, and Beyonds.

お金になりたいのなら、自分を間違った存在にするものではなく、お金を創り出すものになろうとし
なくてはなりません。

お金を創る方法の一つとして、宝石を扱うことに興味があったとします。あなたから宝石を買うこと
が、人々にとって楽しく安らぎのある出来事であるためには、あなたは何に**なる**必要があるでしょうか？
買うべきだと説得しようとするよりも、人々が買うことを可能にする何かにあなたが**なった**としたら？
ちなみにこれは、この惑星上のアクセス・ファシリテーター全員に当てはまる話です。

ヒューマノイドとお金

あなたは「こんなものが創造されるだろう」と**思う**ことではなく、自分にとって何が創造されるのか
を進んで見ようとしなくてはなりません。ビジネスプランの大半はヒューマンの現実に基づいています
が、あなたはヒューマノイド[2]です。ヒューマノイドは異なる可能性、異なる現実から創造します。

ヒューマノイドとして、あなたは創造したものから得るお金よりも、自分が創造できるものに興味が
あります。お金ではなく、創造される可能性のあるものを理由に行動します。自分が何かを創造して、
誰かがその素晴らしさに着目すると、あなたは何が創造されつつあるのかに気づくよりも、それをその
人にあげてしまいます。これがヒューマノイドのあり方です。彼らは馬鹿で、私は彼らが大好きです！
これは私自身のあり方でもあり、同じことをたくさんしています。

私たちは無料ですれば皆が受け取るだろうと思っていますが、一般的に人々は無料のものを受け取り
ません。高額であればあるほど価値を持ちます。それがこの現実です。ジルコンよりもダイアモンドに
価値があると思われているのはこのためです。どちらも光り、どちらも泥から産出し、どちらもきれい

---

2. この惑星上で二足歩行をする存在（ビーイング）には、2つの種類があります。私たちはそれをヒューマンとヒューマノイ
ドと呼んでいます。見た目、歩き方、話し方はそっくりで、食べ方もほとんど同じですが、現実には違います。
ヒューマンが常に口にするのは、あなたがいかに間違っていて、自分がいかに正しく、いかに何事も変えるべきではないの
かということです。ヒューマンは「私たちはそんなやり方はしない。だから余計なことをするな」と言います。そして「ど
うしてそれを変えるんだ？　今のままで十分じゃないか」と問います。
ヒューマノイドは違うアプローチをします。いつも何かを見ては「どう変えられる？　より良くするには？　これを上回る
にはどうしたら？」と問いかけます。ヒューマノイドは地球上のあらゆる素晴らしい芸術や文学、偉大な進歩を創造してき
た人々です。

に見えるように手間をかける必要がありますが、一方には巨額の価値があり、もう一方には基本的に何の価値もありません。

問い4：私が与えるべきものを人々が受け取るためには、何を請求しなくてはならないだろうか？
What would I have to charge in order for people to receive what I have to give?

_____

_____

_____

_____

そうさせないもの全て掛ける不可説不可説転を破壊してアンクリエイトしますか？ Right and Wrong, Good and Bad, POD and POC, All 9, Shorts, Boys, and Beyonds.

問い5：私はどこで変化の真の源になることを拒絶してきて、自分が選んできた制限の気づきを消し去っているだろう？
Where have I refused to be the real source of change that eliminates the awareness of the limitation I have chosen?

_____

_____

_____

_____

受け取れるものに実際になることからあなたを遠ざける、受け取ることの定義について何をそれほど必要不可欠で価値があるものにしてきましたか？ それら全て掛ける不可説不可説転を破壊してアンクリエイトしますか？ Right and Wrong, Good and Bad, POD and POC, All 9, Shorts, Boys, and Beyonds.

あなたが本来なれるもので、実際になったなら、あなたが持ちたいもの全てと、なれない、できない、持てない、創造できない、生み出せないもの全てを持つことを可能にするだろう、何になることをあなたは拒否していますか？ それら全て掛ける不可説不可説転を破壊してアンクリエイトしますか？ Right and Wrong, Good and Bad, POD and POC, All 9, Shorts, Boys,and Beyonds.

ほとんどの人は簡単な人生を持とうとしません。自分の世界で、自分の人生を創造するだろうレベル

の安らぎを強く要求し、受け取ろうとしていません。

　あるアクセスのファシリテーターが言いました。「クラスを創っているとき、そのクラスが創り出されるためには一定のお金を受け取らなくてはならないというものの見方を持っていることがあります。その見方を破壊してアンクリエイトし、楽しんで、クラスを創る喜びを経験していると、ユニバースがお金と富をギフトしてくれるようです」

　私は質問しました。「あなたが言ったことの中で、一番大切なことが何かわかりますか？　全てをうまく機能させる、あることをあなたは口にしましたが、自分で無視しています：『私が何のものの見方も持たず、創造の楽しさと喜びのためにクラスを創り出している時、ユニバースがお金と富をギフトしてくれる』現実にお金は、コンシャスネスと楽しさがあるパーティーにのみ、やって来ます」

問い6：お金の楽しみも喜びも持てないほどに、私がお金について妥当だとしたことは何だろう？
What have I made so appropriate about money that I can't have the fun and joy of money?

_____

_____

_____

_____

　多くの人はお金の楽しさや喜びとは酔っ払うことや羽目を外すことだと思っています。それはお金の楽しさでも喜びでもありません。お金の楽しさや喜びとは、お金を使って人々の現実を変化させる力のことです。あなたは今までどんなお金の定義を作ってきて、お金を持つこと、お金を楽しむこと、この現実を超えて創造することから自分を遠ざけていますか？

問い7：私はこれまでどんなお金の定義を作ってきて、お金を持つこと、お金を楽しむこと、この現実を超えて創造することから自分を遠ざけているだろう？
What have I made the definition of money that keeps me from having it, enjoying it, and creating beyond this reality?

_____

_____

_____

_____

問い 8 ： あり余るお金を持たなくて良いと証明するために、私は何を創造しようとしているだろう？

What am I trying to create in order to prove I don't have to have too much money?

_____

_____

_____

_____

_____

　この問いかけを 20 回か 30 回繰り返せば、お金を持つよりもお金を避けるために自分が何をしているのか、気づくことでしょう。

　　　自分にはあり余るお金がないと証明するために、何を創造しようとしていますか？　それら全て掛ける不可説不可説転を破壊してアンクリエイトしますか？　Right and Wrong, Good and Bad, POD and POC, All 9, Shorts, Boys, and Beyonds.

　あなたはただ十分なだけ持ちたいと思っています —— でも多すぎないように —— だってあなたが十分なだけ持っていれば、欲しいものはほぼ手に入るので、自分自身の身ぐるみをはぐようなことはしなくて済みます。でも長い目で見れば、自分自身の身ぐるみをはぐということは、実は良い考えにも聞こえます。

　　　自分にはあり余るお金がないと証明するために、何を創造しようとしていますか？　それら全て掛ける不可説不可説転を破壊してアンクリエイトしますか？　Right and Wrong, Good and Bad, POD and POC, All 9, Shorts, Boys, and Beyonds.

　ただ十分なだけを持つ代わりに、何か、この現実を超えたものを創造したとしたら？　この現実を超えて創造するとは、他の誰かのものの見方に基づいて、自分や自分がしていることを定義しようとしないということです。この現実を変えたいのなら、この現実を超えて創造しなくてはなりません。

　　　あなたがそうなることを妨げるもの全てを破壊してアンクリエイトしますか？　Right and Wrong, Good and Bad, POD and POC, All 9, Shorts, Boys, and Beyonds.

問い9：実際はお金ではないのに、私がお金として定義してきたものは何だろう？
What have I defined money as that it actually isn't?

_____

_____

_____

_____

　自分がお金を何と定義しているかを知るまでは、それ、つまりあなたが受け取るものの制限を取り消すことはできません。お金の定義はあなたが受け取れるものの制限となります。また、自分には持てないとあなたが決めたものにもなります。何かを持つためには、それに**なる**ことを厭わずにいなくてはなりません。それに**なり**たがっていなければ持つことはできず、持ちたがっていなければ**なる**ことはできません。

お金になる

　お金になるとは、決してあなたから分離したものとしてお金を見ないということです。両親以上にあなたのことを愛している存在としてお金を見ることです。お金は何も**しません**。お金は単に、あなたの異なる選択を持つ能力を増やすものです。

問い10：私がなることを厭わずにいられる最高額はいくらだろう？
What's the greatest amount of money I can willingly be?

_____

_____

_____

_____

　この問いを見て「はあ？」と思いましたか？　1億ドルに**なり**たがっていなければ、あなたに創造できるのはたったの100万ドルです。あなたが手にしてきた年収がいくらであれ、それが現在あなたがなることを厭わない最高額です。あなたの年収はあなたがなることを厭わない最高額を明示しています。

　それをどうやって変えるのでしょうか？　目を向けて、問いかけてください：「自分がなることを厭わないお金の最高額として定義してきたものは何だろう？」浮かんできた額がいくらであれ、「これは私にとって本当に十分？」と問いかけてください。

「私がなることを厭わない最大の金額はいくらだろう？」は重要な問いです。その理由はこうです：あなたが自分の人生を見つめて「私がなることを厭わない最高額は5万ドルか10万ドルだ」と言ったとします。それはあなたが創造したいものを創り出しますか？　いいえ。それは世界により大きな可能性を創り出す選択をあなたに与えますか？　いいえ。

　自分がなることを厭わない最高額を求めるのであれば、それだけのお金に**なる**ことを厭わずにいなくてはなりません。あなたはマルチミリオネアになりたくはないですか？

　　あなたがなることを厭わないお金の最高額はいくらですか？　わき上がってきたもの全て掛ける不可説不可説転を破壊してアンクリエイトしますか？　Right and Wrong, Good and Bad, POD and POC, All 9, Shorts, Boys, and Beyonds.

「なる」能力

　あなたがなることを厭わないお金の額は、あなたが世界に創り出せる変化の量を決定します。多くの人が世界を変えたいと思っていますが、世界を変えるために求められる額のお金になりたがっていません。どうやってそれがうまく行くと言うのでしょうか？

　私たちはコスタリカで、人々が地球を虐げることなく、地球の優美さとともに生きることを学ぶためのリゾートと教育センターを建設しています。そのための支払いをどうするのか、私は知っていたでしょうか？　いいえ。どこからお金がやって来るか、私は知っていたでしょうか？　いいえ。どのみちお金を得ることができると私は知っていたでしょうか？　もちろん。

　なぜ私はお金を得られるとわかっていたのでしょうか？　私が創造しようとしているものをユニバースが支援したいと望んでいることを私は知っているからです。これはユニバースに異なる可能性を持たせます。そして私は世界に異なる可能性を創り出すために、それがどんな見た目だろうと関係なく、何でも求められるものになることを厭いません。あなたはどうですか？　私がなることを求められているものが、コスタリカの施設に対する支払いのために自分が死ななくてはならないことだったとしたら、私はそうします。これは全く異なる世界の見方です。異なる可能性を創り出すために求められる何にでもなることを厭わない時、ユニバースは私の人生に確実にお金が現れるようにしてくれます。

　あなたが世界のコンシャスネスを支えることをしている時、世界のコンシャスネスもあなたを支えていることに気づいてください。世界のコンシャスネスはあなたがBMWを持つことを望んでいるでしょうか？　いいえ、そうではありません。でもあなたが、自分がすること全てを通して世界を支え、加えてBMWをリクエストするのなら、あなたはBMWを手に入れるでしょう。

お金は創造の源ではありません

たくさんの人がお金を創造のための道具だと思っていますが、お金は創造の源ではありません。**あなたがお金を創り出す創造の源です。**お金は怠惰なクソの塊にすぎません。お金はそんなに一生懸命働こうとしません。他方、あなたは怠惰なクソの塊ではありません。あなたは一生懸命働くことが好きです。そうすれば幸せな気持ちになるからです。

創造と創造性はお金の源でしょうか？　いいえ。お金はあなたが創造するものの副産物です。あなたが食べる時、自動的にクソを創造しているのでしょうか？　いいえ。クソは食べることの副産物です。不快ですが一つの例です。これはあなたがどのようにお金をファシリテートするのか、そしてお金とともにどのように世界における変化をファシリテートするのかという話です。

問い11：今すぐ世界により大きな可能性を創り出す、何をし、何を選ぶことができる？
What can I do or choose that will create greater possibility in the world right away?

_____

_____

_____

_____

_____

お金から可能性は生まれません。あなたに何が選べるのか、そしてより大きな可能性を創り出す選択によってあなたに何ができるのかということです。

問い12：私がなっていないもので、もしそれになったなら、この現実の規格外に私の受け取りを急増させるだろう何になることができる？
What can I be that I am not being that if I would be it would exponentialize my receiving off the charts of this reality?

_____

_____

_____

_____

_____

受け取りは、あなたがなることを厭わないものによってのみ起こります。あなたの受け取る能力を増やすために、自分が実際になれると思っているよりも遥かにずっと多くにならなくてはなりません。

私は何千という物事を、それがどうなるのか、どうなるべきなのか、どうなれるのか、どうなるはずなのか、という面から見つめてきました。その中に一つでも真実があったでしょうか？　いいえ。何らかの意味がそこにあったでしょうか？　いいえ。

問い13：自分がなれる、できる、持てる、創造できる、生み出せるものの合計として何を選んできて、私自身の現実を持つのではなく、この現実で自分を生かし続けているだろう？

What have I chosen as the sum of what I can be, do, have, create, and generate that keeps me living in this reality rather than having my reality?

_____

_____

_____

_____

_____

欲しいものを何でも手に入れるために、求められるものを何でも支払うこと

私が何かを買おう、または何かを手に入れたいと決める時、私は未来の現実のどこかで自分がそれを持つことを知っています。まだ支払いをしていないだけです。大半の人にとっての問題は、支払いを済ませていないと、自分にはそれを持つことができないと決めてしまうことです。私は何かにまだ支払いをしていない時、こう問いかけます：「よし、これを創造するために私は何になり、何をしなければならない？」

問い14：人生にこれが欲しいと決めたけれど、進んで支払おうとしていなかったもので、もし支払うことを厭わなければ、私の現実として実現するものは何だろう？

What have I decided I wanted in my life that I was not willing to pay for that if I were willing to pay for it would actualize it as my reality?

_____

_____

_____

_____

_____

それに対する支払いをしたくないとあなたが決めたもので、もし支払ったなら実現するだろうものは何ですか？　あなたはその支払いを進んでしようとしなくてはなりません！　目を向けてこう言ってく

ださい。「私はこれを手にする。まだ支払いをしていないことはわかっている、けれども私はこれを持つ」

　人々はいつもバーゲン品を見つけようとします。もしシンプルに、欲しいものを何でも手に入れるために、求められるものを何でも支払うことを厭わなかったら、何が起きるでしょうか？　あなたが支払いをしたがらないものは結局、別の形で出費することになるものです。

　1930 年代、中国の人々は米国のアール・デコ市場に輸出するためのラグを生産していました。それらは「ニコルズ・ラグ」と呼ばれ、とても素晴らしいものでした。私は 20 年前に初めてそれを見て、今まで目にした中で最も美しいものだと思い、それが欲しくなりました。私はそれを手に入れる**必要があった**のでしょうか？　いいえ。私はそれが**欲しかった**のでしょうか？　はい。私は支払うことを厭わなかったでしょうか？　私が目にした当時、そのラグは 1 点で 500 ドルほどでした。私が実際に買えるようになるより 20 年も前の話です。その後それは 1700 ドルほどに値上がりし、今では 3500 ドル前後になっています。私の自宅にはこのラグがいくつもあります。

　　あなたが人生にこれが欲しいと決めたけれど、そのために支払いたくはないと決めたもので、支払うことを厭わなければ、実現するだろうものは何ですか？　それら全て掛ける不可説不可説転を破壊してアンクリエイトしますか？　Right and Wrong, Good and Bad, POD and POC, All 9, Shorts, Boys, and Beyonds.

　以上が第 1 章の問いです。

　2、3 週間以内にもう一度、全ての問いに答えることをお勧めします。そして 2、3 週間後にもう一度、最初に戻って再び答えていきます。10 回、12 回、15 回と繰り返して、「わあ！　私は今、全く違う現実を持っている！」という気づきに到達する瞬間まで。その新しい現実は、全く予期せぬ形であなたの人生に現れ始めます。

　あなたは今、全ての言い訳を失いました。これらの問いに取り組まないことの、あなたの正当な理由とはどんなものでしょうか？

ワークブックの問い　第1章

問い1：もし私がなったなら、人生にあり余るお金を創り出すだろう、何になることを私は拒否している？

What am I refusing to be that if I would be it would create too much money in my life?

_____

_____

_____

_____

_____

問い2：私が毎年1億ドルを全ての永遠において持っていたとしたら、どんな感じになるだろうか？

What would it be like if I had $100 million a year for all eternity?

_____

_____

_____

_____

_____

問い3：どれだけの疑いを使って、私が選んでいるお金の不足を創り出している？

How much doubt am I using to create the lack of money I am choosing?

_____

_____

_____

_____

_____

問い4：私が与えるべきものを人々が受け取るためには、何を請求しなくてはならないだろうか？

What would I have to charge in order for people to receive what I have to give?

_____

_____

_____

_____

_____

問い 5：私はどこで変化の真の源になることを拒絶してきて、自分が選んできた制限の気づきを消し去っているだろう？

Where have I refused to be the real source of change that eliminates the awareness of the limitation I have chosen?

_____

_____

_____

_____

_____

問い 6：お金の楽しみも喜びも持てないほどに、私がお金について妥当だとしたことは何だろう？

What have I made so appropriate about money that I can't have the fun and joy of money?

_____

_____

_____

_____

_____

問い 7：私はこれまでどんなお金の定義を作ってきて、お金を持つこと、お金を楽しむこと、この現実を超えて創造することから自分を遠ざけているだろう？

What have I made the definition of money that keeps me from having it, enjoying it, and creating beyond this reality?

_____

_____

_____

_____

_____

問い 8：あり余るお金を持たなくて良いと証明するために、私は何を創造しようとしているだろう？

What am I trying to create in order to prove I don't have to have too much money?

_____

_____

_____

_____

_____

問い 9：実際はお金ではないのに、私がお金として定義してきたものは何だろう？

What have I defined money as that it actually isn't?

_____

_____

_____

_____

_____

問い 10：私がなることを厭わずにいられる最高額はいくらだろう？

What's the greatest amount of money I can willingly be?

_____

_____

_____

_____

_____

問い 11：今すぐ世界により大きな可能性を創り出す、何をし、何を選ぶことができる？

What can I do or choose that will create greater possibility in the world right away?

_____

_____

_____

_____

_____

問い 12：私がなっていないもので、もしそれになったなら、この現実の規格外に私の受け取りを急増させるだろう何になることができる？

What can I be that I am not being that if I would be it would exponentialize my receiving off the charts of this reality?

_____

_____

_____

_____

_____

問い 13：自分がなれる、できる、持てる、創造できる、生み出せるものの合計として何を選んできて、私自身の現実を持つのではなく、この現実で自分を生かし続けているだろう？

What have I chosen as the sum of what I can be, do, have, create, and generate that keeps me living in this reality rather than having my reality?

_____

_____

_____

_____

_____

問い 14：人生にこれが欲しいと決めたけれど、進んで支払おうとしていなかったもので、もし支払うことを厭わなければ、私の現実として実現するものは何だろう？

What have I decided I wanted in my life that I was not willing to pay for that if I were willing to pay for it would actualize it as my reality?

_____

_____

_____

_____

_____

第2章

もしも全てが可能性で、問題ではないとしたら？

What If Everything Was about the Possibility and Nothing Was about the Problem?

私たちの多くは可能性よりも問題を探す傾向があります。お金のことでも、お金以外のことでも。「この問題を何とかしなければならない」と考えがちです。でも、もしも全てが**可能性**で、何も問題ではないとしたら？

お金に関する全ては可能性であるべきで、決して問題であってはなりません。なぜなら問題を探していると、可能性を創造するために常に問題を創り出すことになるからです。

人々は言います。「それはそうだけど、経済的に自分のニーズが満たされていなかったら、それは問題のように見えますよ」

私の問いは、「あなたに基本的な経済的ニーズを満たせないということが本当に可能でしょうか？ それとも、それは他人のユニバースから鵜呑みにしている嘘ですか？」

お金の目的とは何でしょうか？

これらの問いに取り組んでいたクラスの参加者が「お金に関するものの見方を自分の体のどこに閉じ込めてきたのか、気づくようになりました」と言いました。

私は言いました。「お金とは、その全てはあなたの体と、体の使い方に関するものです」

お金の目的とは何でしょうか？ お金は**あなた、ビーイング**をファシリテートするものですか？ それとも**あなたの体**をファシリテートするものですか？ ビーイングは住むための家を必要としますか？ いいえ。体は住むための家を必要としていますか？ はい。ビーイングには移動のための車が必要ですか？ いいえ。体には？ はい、必要です。ビーイングには着る服が要りますか？ いいえ。体の方は？ もちろん。お金の目的とは、あなたの体をファシリテートすることです。

あなたはここに目を向けて問いかけなくてはなりません：「お金は私の体をより楽にしているだろうか？　それはより多くを創造するだろうか？」私たちは自分の人生に無一文を創り出すために、自分と体との間に分離を創造してきました。

自分と体との間に分離を創ることで無一文を創り出すために、あなたが鵜呑みにしてきたあらゆる嘘を全て破壊してアンクリエイトしますか？　Right and Wrong, Good and Bad, POD and POC, All 9, Shorts, Boys, and Beyonds.

問い1：お金は私の体をより楽にしているだろうか？　それはより多くを創造するだろうか？
Is money making my body easier and is that going to create more?

_____

_____

_____

_____

_____

私たちは、体と一緒にお金のゲームの中にいるというものの見方を持っていますが、実際にお金のゲームの中にいるのは私たちの**体**です。

問い2：お金のゲームのどの部分で、私は体と一緒にプレーしていて、お金のゲームのどの部分で、私は自分のビーイングと一緒に負けている？
What part of the game of money am I playing with my body and what part am I losing with my being?

_____

_____

_____

_____

_____

自分には魂あるいはビーイングと体があり、体はビーイングに合わせて変わり、順応するべきだと考える傾向が私たちにはありますが、そうではありません。もし私たちが体と一緒に機能していたら、安らぎとともにお金のゲームに勝てることでしょう。

この現実でお金の損失を創り出すために自分の体から分離することで、安らぎとともに
お金のゲームに勝つことを拒否していますか？　それら全て掛ける不可説不可説転を破
壊してアンクリエイトしますか？　Right and Wrong, Good and Bad, POD and POC, All 9,
Shorts, Boys, and Beyonds.

　あなたが体と一緒にお金のゲームをしていたら、お金の目的が体を心地よくすることだと気づくで
しょう。あなたは自分の選択によって、**あなたの体**を心地よくしていますか？　それとも自分の選択に
よって、**あなた**を心地よくしようとしていますか？

　ほとんどの人は自分の選択によって自分を心地よくしようとします。それは負けです。無限の存在で
あるあなたを心地よくすることなどできないからです。無限の存在が心地悪くなることはありません。
無限の存在は拡大するものです。

　人生であなたがすることは、体を心地よくするものであるべきです。例えば、私はとても心地よいベッ
ドを持っています。その上には素敵な枕があり、整形外科に基づいてデザインされた３インチのマット
レスに、４インチのダウンのマットレスを重ねています。私は自分のベッドに入るのが大好きです！
毎日８時間もベッドの中で過ごすのだから、それは本当に心地よい場所であるべきです。

　心地よさを求める人であってください。体は心地よさを望んでいるからです。私を訪ねてきて「気を
遣わないで。私は床で寝るから」と言った人がいました。なぜ床なんかで寝ようとするの？　すぐここ
にベッドがあるのに！　体重過多の体をスパンデックスの服に押し込めている人たちを見たことがあり
ます。その服装が心地よいことなどあり得ないでしょう。彼らは自分の体が良く見えるだろうと思って
そうしています。服のおかげで自分の体が小さく見えると思うことで、自分のビーイングが心地よく感
じるようにしています。ただ体にとってうまく行くからという理由で、体にもっと軽くなることを許し
たとしたら、どうなるでしょうか？

　これは物事をありのままに認識することです。あなたにとってのお金と、体にとってのお金は同じで
はありません。あなた、ビーイングは、お金が必要ですか？　いいえ。あなた、体は、お金が必要です
か？　はい。あなた、体はお金が好きです。あなた、ビーイングは、気にしません。多くの人はこれを
進んでわかろうとしません。本当に異なる可能性を創り出すものを探そうとしていないので、可能性の
ゲームに勝てません。

　どれだけのお金を使って、この現実を超えて生きることからあなたを遠ざける、この現実
の制限に効力を持たせていますか？　それら全て掛ける不可説不可説転を破壊してアン
クリエイトしますか？　Right and Wrong, Good and Bad, POD and POC, All 9, Shorts, Boys,
and Beyonds.

お金についてあなたが自分自身に言いたがっていないことで、もし実際に自分に言ったなら、あなたを自由にし、あなたが可能だと考える以上にたくさんのお金を持てるようにするだろうものは何ですか？　それら全て掛ける不可説不可説転を破壊してアンクリエイトしますか？　Right and Wrong, Good and Bad, POD and POC, All 9, Shorts, Boys, and Beyonds.

お金に関して自分は愚かだと決めましたか？

　お金を使う時、人々はよく反応を引き起こします。「ああ！　これでもうお金が足りなくなってしまう」とか「現時点で私が持っているのはこれで全部だ」などと言います。彼らは「気づき以下」のものの見方、つまり愚かさから機能しています。あなたはこう問いかけることができます：「どうしたらお金に関して今以上に愚かになれるだろう？」

　お金を**使う**ことに問題がある理由、お金を**持つ**ことに問題がある理由、お金に関するどんなことでも問題がある理由は、お金に関して自分は愚かだと自分で決めたからです。

問い 3：どうしたらお金に関して今以上に愚かになれるだろう？
How can I get more stupid with money than I currently am?

_____

_____

_____

_____

_____

　安いから良いに違いないと思ってマクドナルドに行くのなら、a) あなたは馬鹿、b) あなたは愚か者、c) あなたは頭がおかしいです。私は 10 ドルでマクドナルドのハンバーガーとフライドポテト、クッキー、麦芽飲料を買うぐらいなら、良いレストランに行き、10 ドルで前菜を一品買います。満腹で満たされるよりも、食べることの喜びで満たされる方を選びます。多くの人は、空っぽを超えて可能な何かを創造することよりも、空っぽと呼んでいるものを埋めようとします。**空っぽ**というのはこの現実の嘘です。

問い4：可能性の飽満の代わりに、何を満腹と定義することで、真に持ちたいお金を持つことから自分を遠ざけているだろう？

What have I defined as a full belly instead of the satiation of possibilities that keeps me from having the money I would truly like to have?

_____

_____

_____

_____

_____

あなたは可能性の飽満よりも満腹になることをしていますか？ それら全て掛ける不可説不可説転を破壊してアンクリエイトしますか？ Right and Wrong, Good and Bad, POD and POC, All 9, Shorts, Boys, and Beyonds.

あなたは真に空っぽになれますか？ いいえ。スペースになれますか？ はい。**スペースを空っぽ**と、または**空っぽを不足**と定義しましたか？

空っぽを不足として定義したところ全てを破壊してアンクリエイトしますか？ Right and Wrong, Good and Bad, POD and POC, All 9, Shorts, Boys, and Beyonds.

可能性の飽満ではない何を、満腹として定義しましたか？ それら全て掛ける不可説不可説転を破壊してアンクリエイトしますか？ Right and Wrong, Good and Bad, POD and POC, All 9, Shorts, Boys, and Beyonds.

信念

人々は私に、この現実がお金をものに交換するよう要求してくると言います。私は尋ねます。「この現実がお金の交換を**要求している**？ それともこの現実は、**あなた**がお金の交換を要求していると**信じている**？」この現実は、あなたがお金の交換を要求していると信じています。

いくつの信念を使って、本当は選べるはずのお金を消去していますか？ 何千、何十億、1兆、1不可説不可説転、それともそれ以上？ それら全てを破壊してアンクリエイトしますか？ Right and Wrong, Good and Bad, POD and POC, All 9, Shorts, Boys, and Beyonds.

この問いを読んでいるうちに、あらゆる奇妙なエナジーがわき上がってくることに気づきましたか？

全ての信念は、あなたに奇妙なエナジーを取り込み、そのものではない何かにねじ曲げるよう要求します。特にお金に関しては。いくつの信念を使って、本当は選べるはずのお金を消去していますか？　自分の人生からお金を消去することが好きだなんて、興味深いことではありませんか？　あなたはお金を持たないことが好きなのです。決して認めないでしょうが。

　なぜそうしてしまうのでしょう？　有限の存在であるかのように、有限の現実で、有限の能力、有限のお金の流れとともに自分が生きられると信じるために、あなたは完全なビーイングを消去しなければならないのです。

　　　それら全て掛ける不可説不可説転を破壊してアンクリエイトしますか？　Right and Wrong, Good and Bad, POD and POC, All 9, Shorts, Boys, and Beyonds.

周りに合わせようとすること

　ある女性はこれらの問いに取り組む度に、出る杭になるのではなく周りに合わせようと、制限に戻り続けてしまうと言いました。私たちがお金について持っている制限の全ては周りに合わせるためのものであり、出る杭になるため、人と違う自分であるためではありません。彼女はまた、自分に浮上してきたものは存在することへの申し訳なさのようなものだったと言いました。

　　　人生を文字通り、ビーイングに対する違反として捉えるためにあなたがしてきたことの全てを破壊してアンクリエイトしますか？　Right and Wrong, Good and Bad, POD and POC, All 9, Shorts, Boys, and Beyonds.

　私は彼女に言いました。「そこでこの問いかけをしなくてはなりません：『それで私は実際、どれだけもっと狂った自分になれる？』狂ったことをしている自分に気がついて、『うわ、なんて狂ったことをしていたんだ！』と言う時、その狂気を止めようとしないこと。こう問いかけて：『それで私は実際、どれだけもっと狂った自分になれる？』」

　　　どんなエナジー、スペース、コンシャスネスになれば、全ての永遠において、お金として、コントロールされない、定義づけされない、制限されない、形式、構造、重要性もない、直線性もない、同心性もない私になれる？　それを出現させないもの全て掛ける不可説不可説転を破壊してアンクリエイトしますか？　Right and Wrong, Good and Bad, POC and POD, All 9, Shorts, Boys and Beyonds.

　あなたは自分の人生がうまく行かないと証明するために、実はうまく行くことを避けようとし続けています。

どんなエナジー、スペース、コンシャスネスを使って、あなたが選んでいる、うまく行かない人生を創造していますか？ それら全て掛ける不可説不可説転を破壊してアンクリエイトしますか？ Right and Wrong, Good and Bad, POD and POC, All 9, Shorts, Boys, and Beyonds.

ここで上の空になってはいけません。自分にとって何が真実で、何が今までと異なる現実を創り出すのか、目を向けなくてはなりません。

お金の問題は現実ではない

ある女性は、「私が毎年1億ドルを全ての永遠において持っていたとしたら、どんな感じになるだろうか？」という問いかけをした時、直すべきものが何もなく、夢見ることも何もないという答えばかりが出てくる、死と絶望だけがあるだろうと言いました。

私は言いました。「もしあなたが毎年1億ドルを全ての永遠において持っていたとしたら、そのようなことは何も問題にならないでしょう。その時、何を創造したいですか？」お金の問題とは問題の**創造**です。**現実**ではありません。他人の現実を超えて創造することに安らぎを持つことがないよう、あなたが創り出すのです。「1人では生きたくない」と言うようなものです。自分はめちゃくちゃだと感じられるように、むしろ最悪なリレーションシップを持とうとするのです。

問い5：もしお金の問題がなかったら、私は何を創造するだろう？
If I had no monetary problems, what would I create?

_____

_____

_____

_____

_____

先ほどの女性はこうも言いました。「夢見ることが何もなくなると言った時、そこには選択がないという要素もありました。だって年に1億ドルだなんて、私が私でいられなくなってしまうから。お金が私よりも大きくなってしまうわ」

あなたには、今持っているお金の水準によって自分を定義づける、**あなたの**定義がありますか？ お金があなたよりも価値あるものである限り、あなたはコンシャスネスを選べるでしょうか？ いいえ。

自分に持てると定義しているお金によって、あなたが本来選べるコンシャスネスを避けていますか？　それら全て掛ける不可説不可説転を破壊してアンクリエイトしますか？
Right and Wrong, Good and Bad, POD and POC, All 9, Shorts, Boys, and Beyonds.

問い6：今持っているお金に基づいて、私は自分をどう定義してきただろう？
What have I defined me as based on the money I currently have?

_____

_____

_____

_____

_____

　他人の現実を超えた自分の現実を創造しなければならないとしたら、何が起きますか？　あなたは脳がランチへ出かけ、可能性があなたの現実の制限を食べ始め、そしてあなたが自分にとって本当にうまく機能する現実を創造するようになるところへたどり着かねばなりません。進んでそうした可能性の気づきになろうとしてください。

　問いかけて：「完全な安らぎとともにこれを実現へと導く、何をして、何になる必要がある？」あなたは気づくことを選びますが、実際に**気づきである**よりも、他に必要なもの、他に適当なもの、他に起こるべきものを見ようとし続けます。

　「他に起こるべきものがある」ではありません。「これを実現するために私は何になり、または何をする必要がある？」です。

　ある男性が私に言いました。「私が無限の可能性を求めて招き入れているところ、自分がなっているそのスペースを知覚できますが、するとマインドがお金についての思考に入ってしまいます。数字や、いくら創る必要があるのかを考えます。そちらに意識を奪われます。自動応答システムのようです。これについて何を選び、変えれば良いのかわかりません」

　私は言いました。「マインドはいつだって自動応答システムです。それが全てです。マインドは自動応答する以外にやり方を知りません。なぜそれに耳を傾けようとするの？」

　彼は言いました。「ええ、でも、自分がいくら創造するかをどうやって知るのですか？」

　私は言いました。「あなたは結論に達しようとしています。**知ろう**としていません」

　彼は言いました。「確かにそうです。それでは、自分が毎月手にしたい額がわかったら、ただ『何が

どうあればそれが現れる？』と問いかけるのですか？」

　私は言いました。「そうです。こう問いかけて：『これが現れることを可能にする、何になり、何をし、何を持ち、何を創り、何を生み出せる？』」

ユニバースのコンシャスネスに貢献してくれるよう頼んでいますか？

　必要なものを送ってくれるよう頼めば、ユニバースはあなたに味方します。貢献してくれるよう、ユニバースに頼まなくてはいけません。ユニバースのコンシャスネスに貢献してくれるよう頼んでいますか？　絶対にしないでしょう。あなたは何をすべきか告げるためにあなたのところにやって来る愚かな人たちを求めています。あなたは自分よりも多くのことを知っている誰かを求めています。あなたは全てを求めますが、あらゆる側面であなたよりも多くのことを知っているコンシャスネスに、実際に何かを届けてくれるように求めることだけはしていません。それを進んで手にしようとしたならば、何が起きるでしょうか？

　ある人が私に言いました。「あなたは、大抵の人が手にしている現実を超えた経済的現実を創造したと言っていましたね。それはユニバースが味方となって、より多くのものが自分の元に来ているのを知っているということですか？　だってユニバースは自分が創造するものをサポートしてくれるから」

　私は言いました。「私は私自身の味方です。だからこそユニバースも味方してくれると知っています。私は諦めることなどしません。私が諦めない限り、ユニバースも諦めることはないと知っています」

お金とは他の人々の現実を変えるために使えるものです

　これに目を向けなくてはなりません。何であれお金が絡むことをする時には、こう問いかけて：「これはどのように現実を変化させるだろう？」あなたはこの問いかけとして生きるべきです。さらに問いかけてください：「お金は何を創造しようとしている？　何を変えようとしている？」

　今日、デインと私はお気に入りのレストランでランチを食べました。その店の女主人は私たちのことが大好きで、笑顔でもてなしてくれます。デインが入っていくと上機嫌になり、熱いまなざしで見つめます。今日、店を出る時、私は彼女に 40 ドルのチップを渡しました。誰も女主人にチップを渡す人はいません。ただ誰もそうしないのです。私は 40 ドルのチップによって彼女の現実を変化させたでしょうか？　もちろんです。

　お金は他の人々の現実を変えるために使うものです。誰かの現実を変えるだろう、どれだけのお金をあなたは使うことができますか？　既に何千回としている話ですが、私があるレストランに行ってコー

ヒーとドーナツを注文した時のことです。接客係の女性はのろのろして自信がないようでした。その日は彼女が仕事に就いた最初の日で、ウエイトレスとして働いた経験もなく、苦戦していました。私の会計は6ドルで、私はテーブルに12ドルを置いていきました。彼女は私の後を追いかけてきて、「あなたがくれたお金は多すぎます」と言いました。

私はこう返しました。「そんなことはありません。これはあなたが今後も仕事をして生きていくことができる、ちゃんとやっていける、という証しです。心配しないで、きっと大丈夫」たった6ドルが彼女の世界にもたらした変化はダイナミックなものでした。金額の問題ではありません。考え方です。その瞬間、瞬間に問いかけなくてはなりません：「私が持っているお金をどう使えば、今すぐ誰かのために今までと違う現実を創造できる？」そこに進んで目を向けなくてはなりません。なぜならお金の目的は、あなたが所有しなくてはならないと思うものをより多く持つことではないからです。

人生をどのように生きたいですか？

ある人が言いました。「短期間のうちに億万長者になる経験も、破産する経験もしました。自分が何をして、正反対のものを手にしたのかが見えないのです」

私は言いました。「あれかこれかという問題ではありません。ここでの問いは『どちらがより楽しい？』です。お金になることは貧乏になることよりも安らぎがあります。それはより**あなた**であることだから、より安らぎがあるのです。ほとんどの人はこれをわかろうとしません。あなたが人生でそれほどのレベルのお金に**なる**ことを厭わなかったらどうでしょうか？ あなたの現実として何を創造できるでしょうか？」

自分の人生をどのように生きたいのかを見なくてはいけません。あなたが自分の人生を創造し始めれば、ユニバースがあなたに届け始めるからです。私が若く、頭が悪くてお金がなかった頃、お金持ちのおばのそばでよく時間を過ごしていました。おばは美しい品々、美しい敷物を持っていて、毎日、美しい陶器やクリスタルガラス、銀の皿で食事をしていました。それがおばの現実だったのです。私は「あんな風に生きたい！」と言いました。

私はそれだけのお金を持っていたでしょうか？ いいえ。そこにたどり着く方法を知っていた？ いいえ。自分がそんな風に生きたいということを知っていた？ はい。私は出かけて、10ドルでそれ以上の価値があるものを買い始めました。自分が向かいたい場所を示すような美しいもの、人生に真の富を持っている人が所有するようなものと一緒にライフスタイルを創造し始めたのです。私が何を**持っていたか**は重要ではありません。私が進んでそこに向かおうとした時、**何を持つことができるか**なのです。私は今、美しく、博物館にあるような上質のものにあふれた家に住んでいます。

あなた自身の現実のグルにならなくてはなりません。あなたが創造できる現実を創造する、誰よりも

優れた唯一の存在はあなたなのです。他の人にもできると思っているのなら、あなたは頭が狂っています。あなたが見ようとしていないのは「私は完全に馬鹿だ、私は完全に狂っている、私は自分の最も野心的な現実を超えてさらにクレイジーだ」ということです。

　それが私です。でも狂っていて、クレイジーで、常軌を逸しているからこそ、全てのものになることを厭わないからこそ、私はこの惑星でごくわずかな人しか手にしていない経済的現実を創り出したのです。問いかけてみてください：「どんなエナジー、スペース、コンシャスネスになれば、私本来の馬鹿で、狂気で、常軌を逸した私になれる？」

この現実を超えて創造すること

　この現実には、この惑星における創造の方法というものがあり、それは結論に基づいています。
　あるところまではうまく行っても、それ以上には機能しなくなる一定のポイントがあります。だからあなたはこの現実を超えて創造しなければならないのです。

　結論づけが自分を足止めする方法だと学んだ時、私は言いました。「ちくしょう。私はこの先どんなことも結論づけないぞ。全てにおいて問いかけの中にいる」私はこれを1000回でも言うことができますが、あなたは決して耳を貸さないでしょう。あなたは可能性よりも常に結論を選びます。結論に戻る理由は、こう問いかけようとしないからです：「完全な安らぎとともに異なる現実を創造するために、私はどんな問いにならなくてはいけないだろう？」

　あなたはこの現実を超えて創造しなければなりません。他人の現実を超えて自分の人生を広げようとしない限り、結論は機能します。例えばあなたが100万ドルを手に入れたとしましょう。素敵なことですが、それは何を変化させますか？　1000万ドルは多くを変化させますか？　あなたがそれにしがみついていたら、そうでもないでしょう。でも、異なるものの見方は現実を変えますか？　はい！

　選択しなくてはなりません。「私はこれを結論づけない」と言って。人々は私に結論を出すように求めてきます。私はこう言います。「あなたのものの見方はわかりました —— そして、他に何が可能ですか？　あなたがまだ考えていないことは？　まだ起きていないことは？」

　あなたの選択、あなたの気づき、あなたのものの見方にお金はかかりません。あなたのものの見方は現実を変えられます。あなたのお金は現実を変えられません。ここに目を向けなくてはなりません：

> 今ある現実よりも素晴らしいお金の現実を完全な安らぎとともに創り出すだろう、どんなものの見方を持つことができる？　それら全て掛ける不可説不可説転を破壊してアンクリエイトしますか？　Right and Wrong, Good and Bad, POD and POC, All 9, Shorts, Boys, and Beyonds.

問い7：今日、私にとって今までと違う経済的現実を創り出すだろう、どんなものの見方を持つことができるだろう？

What point of view can I have that would create a different financial reality for me today?

_____

_____

_____

_____

_____

　私にこんなことを言った人がいました。「やらなければならないことをしたくないので、イライラしている私がいます。自分が望む全てのお金を作るために、1日48時間も働きたくありません。楽しい感じがしません。むしろ外で遊んでいたいのです」

　私は尋ねました。「お金を創り出すためにすることが遊びだったとしたらどうですか？　お金を創るためにすることを楽しめるなんて、あなたは信じたくないだろうけど」

　人々は私がしていることを見てこう尋ねます。「どうしてそんなにたくさん働けるの？」

　私は言います。「だって楽しいから！」

　デインは昨夜、午前2時まで起きていて、私たちのビジネスに関することをしていました。彼は愚痴を言っていたけれど、楽しんでいました。彼が楽しんでいるのがどうしてわかるのかって？　だって、それをやらなくて良い時でさえやり続けているから。愚痴を言うことだって楽しいのです。文句を言うのは楽しいのです。わかりますか？　不平を並べるのは楽しいことです。

可能性の泉に毒をまく

　人々が「君にはできないよ」と言う時、それが泉に毒をまくということです。「可能なわけがない」と言う時、人々は泉に毒をまいています。そして泉とは、生命に不可欠な可能性の血液です。

　　　今までは気づかなかったけれど、可能性の泉に毒をまいていた人たちがあなたの周りにはいましたか？　どんな形であれ、その毒をリアルなものにするためにあなたがしてきたことの全てを破壊してアンクリエイトしますか？　Right and Wrong, Good and Bad, POD and POC, All 9, Shorts, Boys, and Beyonds.

　アクセスのためにITに関することをしようとしていた男性がいました。彼は、私の友人の1人が創

り出したものが、完全にくずで使い物にならないと言ってきました。しかしその後、彼はそのまま同じものを１年間使い続けました。私はそれを見て言いました。「彼は、私が友人に反感を抱くように毒を盛ろうとしている！　これはより多くの可能性を創り出す？　それともより少ない可能性だろうか？」

　私がそう気づいた時、そこで何か違いが生まれたでしょうか？　ええ。一つは、友人が戻ってきたこと。私は友人が私に反することをしたと考えなくても良くなりました。このIT担当の男性のような人々は、このようにして私が誰かと対立するように毒をまきます。

　　　あなたがより多くの可能性を創り出す人たちと対立するように毒をまかれてきたところ
　　　全てを破壊してアンクリエイトしますか？　Right and Wrong, Good and Bad, POD and
　　　POC, All 9, Shorts, Boys, and Beyonds.

　　　いつでも支えてくれるつながりの素晴らしさを持つことからあなたを遠ざけるために、
　　　他人に反するようにあなたを毒する行為が、何回、いくつの場所で、いくつの形式、出
　　　来事によって行われてきましたか？　それら全て掛ける不可説不可説転を破壊してアンク
　　　リエイトしますか？　Right and Wrong, Good and Bad, POD and POC, All 9, Shorts, Boys,
　　　and Beyonds.

　誰かがあなたに「あなたの奥さんは浮気をしていると思う」と言ったとしたら、それはあなたの愛情の泉に毒をまくことでしょうか？　全くその通りです。

　もし誰かが「あの人はあなたの友達じゃないよ」と言ってきたら、あなたは「いいや、友達だよ」と言いますか？　それとも「うーん、よくわからないな」とか「彼らに直接聞かないといけないよ」と言うでしょうか？　または、言われたことを真実だと信じるために、その人と距離を置くでしょうか？

　デインが最初にアクセスにやって来た時、人々は私に「彼はクライアントを全員盗んで、あなたを窮地に陥れ、そのままどこかへ行ってしまうよ」と言いました。私はそれを見てこう言いました。「違う、それは真実ではない」そしてさらに「良いさ、私のクライアントを盗めよ。私は彼らのことを引き留めておきたいほど好きだろうか？　いいや。自由に盗んでいけ」そしてもちろん、デインは私のクライアントを皆盗んでどこかへ行ってしまいました。いいえ、そんなことはありませんでした。

　あなたは何かに目を向けて、「それは真実ではない」と言うことを躊躇してはなりません。あなたの夫や妻が浮気をすることはあるでしょうか？　はい。どんな状況で？　あなたが自分自身の可能性の泉に毒をまいている時です。あなたが自分の気づきを切り落としているその場所は、あなたが可能性の泉に毒をまいているところです。

　こんなことを言った女性がいました。「家族がお金をくれたので受け取りました。すると彼らは私に、お金を受け取るなんてお金にだらしないと言ってきました。私の受け取りの泉を毒されているようでし

た」

　あなたのビーイングの泉に毒をまくことをどれだけ使って、あなたの受け取りを制限していますか？　それら全て掛ける不可説不可説転を破壊してアンクリエイトしますか？
Right and Wrong, Good and Bad, POD and POC, All 9, Shorts, Boys, and Beyonds.

　良いでしょう、これで第2章は終わりです。第1章からもう一度、問いに答えてください。そして以下に書かれているこの章からの問いに答えてください。

ワークブックの問い　第2章

問い1：お金は私の体をより楽にしているだろうか？　それはより多くを創造するだろうか？

Is money making my body easier and is that going to create more?

_____

_____

_____

_____

_____

問い2：お金のゲームのどの部分で、私は体と一緒にプレーしていて、お金のゲームのどの部分で、私は自分のビーイングと一緒に負けている？

What part of the game of money am I playing with my body and what part am I losing with my being?

_____

_____

_____

_____

_____

問い3：どうしたらお金に関して今以上に愚かになれるだろう？

How can I get more stupid with money than I currently am?

_____

_____

_____

_____

問い 4：可能性の飽満の代わりに、何を満腹と定義することで、真に持ちたいお金を持つことから自分を遠ざけているだろう?

What have I defined as a full belly instead of the satiation of possibilities that keeps me from having the money I would truly like to have?

_____

_____

_____

_____

_____

問い 5：もしお金の問題がなかったら、私は何を創造するだろう?

If I had no monetary problems, what would I create?

_____

_____

_____

_____

_____

問い 6：今持っているお金に基づいて、私は自分をどう定義してきただろう?

What have I defined me as based on the money I currently have?

_____

_____

_____

_____

_____

問い 7：今日、私にとって今までと違う経済的現実を創り出すだろう、どんなものの見方を持つことができるだろう?

What point of view can I have that would create a different financial reality for me today?

_____

_____

_____

_____

_____

第3章

自分自身を信頼する

Trusting Yourself

　私は時々、人々から「自分を信頼していない」という話を聞かされます。でも、あなたが自分を信頼していないのなら、どうやってこの先、お金を持ち、何でも受け取るようになると言うのでしょうか？自分を信頼していないという嘘を鵜呑みにする時、あなたはユニバースが貢献し、ユニバースが提供してくれることも信頼しないという嘘を信じています。あなたは信頼に値するユニバースの一部になろうとしていません。

　絶対に自分を信頼しないことの何をそんなに必要不可欠なものにして、決して自分を守ることなく、自分を破壊する必要性を永久に探し続けていますか？　それら全て掛ける不可説不可説転を破壊してアンクリエイトしますか？　Right and Wrong, Good and Bad, POD and POC, All 9, Shorts, Boys, and Beyonds.

問い1：ユニバースのどの部分を私は信頼できる？　私自身のどの部分を私は信頼していない？
What part of the universe can I trust? And what part of me am I not trusting?

_____

_____

_____

_____

_____

　この2つの問いに目を向けていくと、自分が今腰を落ち着けている場所について、たくさんの答えが出てくるでしょう。あなたは自分を信頼していますか？　自分が何者かを知っていますか？　いいえ。どうして？　あなたはまるで日々のようなものだからです。あなたは二度と同じであることがありません。あなたは毎日変化します。それではどうして、自分が同じであることを信頼できるというのでしょうか？　そんなことはできません。そして人々はあなたが同じでないことを好みません。彼らはあなたに一貫して同じでいて欲しいのです。彼らは、決して箱の外に出ず、決して変わらないことが、あなたを信頼に値するものにするというものの見方から人生を眺めています。あなたがいつも変化していれば、彼らはあなたを信頼しません。あなたが信頼に足る人物で、誰かを支えていたとしても、彼らにはそれが見えません。彼らは、ただあなたが変わり続けていることしかわからず、そしてあなたは信頼に値しないと結論づけます。

問題は、あなたが他人の結論を使って自分とは何かを見定めようとしていることです。あなたは自分を疑います。他人があなたを信頼していないことを感知しているからです。彼らの信頼を得られるように自分を変えようとしても、あなたは絶えず変化し続けているので、彼らがあなたを信頼することは絶対にありません。

　なぜあなたは誰かに信頼されたいと望むのでしょう？　なぜ**あなた**が**あなた**を信頼しないのでしょう？　あなたが自分を信頼しないのなら、この先どうやってお金を持ち、何でも受け取るようになると言うのでしょうか？

　　　絶対に自分を信頼しないことの何をそんなに必要不可欠なものにして、決して自分を守ることなく、自分を破壊する必要性を永久に探し続けていますか？　自分を守る（save you）ことができなければ、貯金（save money）もできません。お金を持つためには、あなたはお金に**ならなくては**ならないからです。それら全て掛ける不可説不可説転を破壊してアンクリエイトしますか？　Right and Wrong, Good and Bad, POD and POC, All 9, Shorts, Boys, and Beyonds.

一貫性からパワーは生まれない

　大半の親は私たちに「一貫していなくてはだめだ」と言い聞かせてきました。あなたは本当に一貫していなくてはならないのでしょうか？　いいえ。何にならなくてはならないのでしょうか？　**一貫性のない**あなたでいなくてはなりません。一貫した自分でいようとすれば、すること、選ぶこと、全てにおいてジャッジメントの中でじっとしていなければなりません。

　あなたはお金に関して一貫した自分でいようとしていますか？　はい、それはあなたにとってどう機能していますか？　うまく行っていませんね。あなたは自分が使った１銭１銭、自分が稼いだ１銭１銭をジャッジしています。お金に関して自分がすること全てをジャッジします。それはより多くのお金を創り出しますか？　いいえ。あなたは自分が一貫していないことに最大のジャッジメントを持っていますが、一貫性のなさこそがあなたのパワーの最大の源で、だからこそ避けようとしているのです。あなたはパワフルになろうと望んでいないのです。

　　　どんなエナジー、スペース、コンシャスネスになれば、全く一貫性のない本来のあなたになれるでしょうか？　それら全て掛ける不可説不可説転を破壊してアンクリエイトしますか？ Right and Wrong, Good and Bad, POD and POC, All 9, Shorts, Boys, and Beyonds.

　私たちは最近、アメリカにいる顧問弁護士を解任しました。するとアイルランドにいる顧問弁護士が、自分も解雇されるのかとびくびくしていました。彼らは今、さらに構えています。パワーを持っている

のは誰でしょうか？　私たちです。一貫性のないあなたでいなくてはなりません。可能なものを創造するためには、急旋回することも厭わずにいなくてはなりません。

　私が最初に出会った頃のデインはリレーションシップがうまく行っていませんでした。そしてある日デインは彼女と別れて引っ越しました。私はそれを好ましく思いました。私も結婚前はデインと同じように振る舞っていましたが、子どもを持ってからは、一貫した自分でいなくてはならないと考えていました。おもしろいことに、私が一貫した自分でいることをやめた時、私の子どもたちも、他の子どもよりずっと巧みに人生を操るようになりました。一貫性を持つためには全てを諦めることが要求されます。一貫性がないことは、あなたにとって最大のパワーの源です。

　あなたは人生において家賃や請求書のように一貫したものを求めます。そういったものは一貫して変わりません。それらは**あなた**に何ら関係がありますか？　それとも、それらはあなたが支払うべきものに関係があるのでしょうか？　あなたが一貫して対処しなければならない人生のさまざまなことに支払いをするために、どれだけの創造性と、どれだけの創造的な能力を使っていますか？　こうしたことは自分を信頼することでもありません。

　　　あなたの経済状況、あなたのお金、あなたの仕事において永遠に一貫しているために、
　　　あなた自身をどれだけ諦めてきましたか？　それら全て掛ける不可説不可説転を破壊して
　　　アンクリエイトしますか？　Right and Wrong, Good and Bad, POD and POC, All 9, Shorts,
　　　Boys, and Beyonds.

　より大切なことは何でしょうか ―― 一貫していること、それとも気づいていること？　気づいていることです！　あなたは今まで何を選んできましたか？　気づき？　それとも一貫性？

問い2：私が人生で、一貫性のない自分になれるのに、一貫して同じ自分でいるところはどこだろう？それに、一貫性のない自分でいることを可能にする、どんな選択を持つことができる？
Where am I being consistent in my life where I could be inconsistent, and what choice can I have that would allow me to be inconsistent?

_____

_____

_____

_____

_____

どこにお金を費やしていますか？

あなたがどこにお金を費やしているのかを見てください。そうすれば、それが本当にお金を使いたいところなのかどうかがわかるでしょう。あなたは1日1杯のコーヒーにお金を費やしたいですか？ それとも、まだ自分に持つことを許していない、他の何かを人生に創造したいでしょうか？

私はコーヒーにいくら使っていたかを見てこう言いました。「ちょっと待てよ。私が本当に欲しいのは、人生で**これ**をもっとたくさん持つことだ」そしてどうしたらそれをもっと創り出せるのかを探り始めました。ゆっくりと、でも確実に、そうしたものにお金を使うようになっていきました。コーヒーにかけていたお金を削り、週に20ドルを人生で手にしたいもの、将来、私が支払う以上の価値になるようなアンティークや他の品々を買うことに使いました。

これが「他のどんなものよりも大きなリターンを私にもたらす、何を買い、何をすることができるだろう？」という問いかけの視点から富を創造することです。

コンシャスネスは可能性です。どんなエナジー、スペース、コンシャスネスがこれを創造できるでしょうか？ あなたが創造しようとしているもの全てに目を向けて、それが本当にあなたにとってうまく行っているかどうか見てください。このものの見方から機能し始めてください。そうでなければ、あなたは失う方に向かって自分を設定しています。

生き残り（サバイバル）vs 繁栄（スライバル）

私は新しい仕事に就いたばかりのある女性と話をしました。彼女が仕事を引き受ける前に計算したところ、給与で基本的な支出はカバーできても、おそらく手元に多くは残らないことがわかりました。彼女は問いかけました：「この仕事を引き受けたら、私の人生の5年後はどうなっている？ 引き受けなかったら、私の人生の5年後はどうなっている？」仕事を引き受けることは軽く、広がりがあると感じられたので、彼女はそちらを選びました。それから彼女は、見込まれる収入よりも支出をどのように低く抑えるかを計算し始め、とても縮こまった感覚になっていました。彼女は私に質問しました。「ここで、どのように可能性の中で遊ぶことができますか？」

私は言いました。「あなたは自分の持てる手段の中で生きるためにコストカットする方法を探しています。それは人生を創造することと関係がありますか？ いいえ。あなたはここに至るまでのどこかで、人生は生き残りであって繁栄のためのものではないというアイデアを信じ込んだのです」

これはあなたもやってきたことですか？ あなたがしなくてはいけない問いかけはこれです：

問い3：生き残れるようにするためだけに、私が信頼しているところはどこだろう？　私が繁栄することを可能にする全てを避けているところはどこだろう？

Where am I trusting only to be able to survive, and where am I avoiding everything that would allow me to thrive?

_____

_____

_____

_____

_____

　私はコストカットをしようとしていたその女性に尋ねました。「職場では1日に何時間働く必要がありますか？」私たちは計算しました。彼女は仕事に8時間、睡眠に8時間、通勤に2時間、食事や体のケア、出勤の準備に3時間かけていました。私は言いました。「あと3時間残っているけれど、何をしているの？」

　「その時間は何となく過ごしています」と彼女は言いました。

　私は言いました。「その通りです。その時間、あなたはただぶらぶらしていて、こう問いかけていません：『私の人生により多く —— もっとお金を、もっと可能性を、もっと選択を、全てについてより多くを創造するために、この時間をどう使える？』あなたはそれを全て手に入れなくてはなりません。あなたはとても大変な思いをして普通の人生を生きようとしています。この問いかけをしなくてはなりません：『私が持つことのできる全てのお金を持つことを厭わなかったら、普通の現実から人生を生きるだろうか？』あり得ません！」

　あなたが人生を**無限の可能性**ではなく**普通のもの**として創造しているところはどこですか？　そこが目を向けなくてはならない場所です。

問い4：私が人生を可能性の源ではなく、普通のものとして創造しているところはどこだろう？

Where am I creating my life as normal rather than a source of possibility?

_____

_____

_____

_____

_____

選択をしなければ何も変われない

選択とは最も有用なものです。選択をするたびに、何かが起きるからです。あなたが選択をしていない時、どうやって物事を変化させますか？　できません。あなたが選択をしなければ、何も変わることはできないのです。

うまく行くと思うかどうかに関わらず、選択をすることは重要です。新しい仕事を引き受けるという選択をした女性はその後、その仕事がいかに機能していないかという部分に目を向けるようになり、誤った選択をしたという結論に向かっていました。これは、その選択に関して正しかった部分は何一つ、彼女の気づきの中に入れないということです。正しかった部分は彼女の人生に入ることができず、彼女にとってより素晴らしい何かを創造することもできませんでした。

結論は創造とは何の関係もありません。あなたは「私が選択した」という視点から物事を見なくてはなりません。例えば、私はITに関してある解決策を選択しました。その後、本来ならとっくに終わっているはずの時点で、それが実は役に立たないことがわかりました。全員が疑問を口にし始めました。「ああ大変だ！　私たちは本当にこれをやるべきなの？」

私は言いました。「はい、そのまま進めて、やってください。必要に応じて修正するから。修正のために予定を少し延期しないといけなくなったら、お金がもっとかかるだろうか？　もちろん。それは正しい、間違い、良い、悪い、それとも何？　それはただそれというだけだ」

私は選択しました。その選択をしたおかげで、全てが完了し稼働しているはずの日になっても見込んでいた支払いが入ってきませんでした。私たちが必要としていたことは実現できませんでした。私たちは別の解決策を必要としていて、今それを探しています。何が求められようとも、私たちはそれを見つけ出すでしょう。

私は認識について話しています。物事を見つめて「これは私が必要とするやり方で機能する？　イエス、それともノー？」と問いかけなくてはなりません。答えがノーであれば、何か違うことをしてください。一瞬で変化することを厭わずにいなくてはなりません。ほとんどの人たちは一貫して変わらずにいることをやたらと気にしていて、自らの創造的能力を消し去っています。でも、最もお金を創り出すものは、あなたの創造的能力なのです。

> 一貫して変わらずにいることの必要性の中で、どれだけのお金を失ってきましたか？　それら全て掛ける不可説不可説転を破壊してアンクリエイトしますか？　Right and Wrong, Good and Bad, POD and POC, All 9, Shorts, Boys, and Beyonds.

可能性、選択、それとも狂気？

　あなたは何として創造し、何から創造したいでしょうか —— 可能性、選択、それとも狂気？　これはただの選択です。多くの人はこれが創造のやり方だと考えながら、可能な限り最も狂気に満ちた物事を選びます。

　　　　お金を創り稼ぐことの安らぎに抵抗することの何をそんなに必要不可欠なものにして、
　　　　あらゆる選択の中にある可能性よりも、困難を探し続けていますか？　それら全て掛ける
　　　　不可説不可説転を破壊してアンクリエイトしますか？　Right and Wrong, Good and Bad,
　　　　POD and POC, All 9, Shorts, Boys, and Beyonds.

　私の知人の男性が3000ドルを持っていました。彼は「本当にお金が必要で、2000％のリターンが得られるすごい投資のチャンスを手に入れたんだ」と言いました。

　私は言いました。「へえ、そこに投資したいのなら、自由にどうぞ。私だったら選ばないけどね」なぜ私が選ばないかというと、良すぎる話ならば、それは良すぎる話だからです。あなたはそれが何かを進んで見つめなくてはなりません —— そうなって欲しいものではなく。あまりに多くの人々が「私にとって本当にうまく行くやり方で、これをどう創造できるだろう？」とは問いかけず、自分たちが「こうあるべき」と思うやり方で創造しようとしているのを私は見てきました。

　自分には可能性があると証明するために、あなたは最も狂気に満ちた選択をします。それが不可能な選択ではないと証明しようとし、正しい行いであると証明しようとし、ありとあらゆることを証明しようとします。でもそれは、本当に真実であることとは少しも関係がないのです。

　もし私が3000ドルを持っていた男性だったとしたら、どんな選択をしたでしょうか？　私はこう問いかけるでしょう：「もしこれを使うとしたら、この先富を創り出すどんなものに使うことができる？何が富を創造する？」

　ほとんどの人は将来お金を創り出すかどうかに関係なく、表面上良く見えるものを選ぶ瞬間として可能性を捉えています。彼らは言います。「これは本当にお得だと思うよ」

　私はそうはしません。「これよりも良い条件を手に入れることはできる？」と問いかけます。あなたがより素晴らしい可能性、より素晴らしい結果、より素晴らしい選択を創造できるとしたら、創造することを厭わなかったら、創造したいと思ったら、何が起きるでしょうか？

　あなたは可能性があると証明するためには崖から飛び降りなければならないと思っています。気づきに飛び込むことよりも、結論に走ります。実用的であったらどうでしょうか？　選んだらどうでしょうか？　問いかけたらどうでしょうか？　私は何かを買う前にこう尋ねます：「このスーツはセール中で

はありませんか？」「もっと良い条件はありますか？」または「あなたが私に提案できる最もお得な条件は何ですか？」

あなたは何を創造したいですか？

自分が何を進んで創造したいのかを見つめなくてはなりません。あなたは何を創造したいですか？自分が本当に創造したいものに目を向けることを厭いませんか？　いいえ。あなたはただ、今持っているものより良いものを創造したいだけです。

ある女性が言いました。「『何を創造したいだろう？』と永遠に問いかけ続けています。自分が何を創造したいのか、本当にわからないのです。私が知っているのは、今までと違う何かというだけです」

私は言いました。「あなたはヒューマノイドです。自分が何を創造したいのかを知る唯一の方法は、自分がやりたくないとわかるまで何かをすることです。あなたは、何かをこれ以上やりたくないと思ってしまったら自分は失敗だと考えています。あなたは失敗ではありません。あなたはヒューマノイドです。でもあなたは失敗になることを厭わずにいなくてはなりません。そうでなければ、あなたはジャッジメントと、ジャッジメントに基づいた選択がより多くを創り出すかのように、自分がするあらゆる選択をジャッジするでしょうから」

年長のヒューマノイドになることの問題点は、自分が創造したくないものがすぐに明白になることです。あなたは言うでしょう。「ああ！　私はこれをやりたくない。私はどうしちゃったの？　私は馬鹿なの？　ああそうだ、私は馬鹿だ。自分が本当にやりたいことを決められないなんて、私の何が悪いのだろう？」

あなたは何かを３週間もやると、もう終わった気分になります。「あれ？　私は本当にこれを創造したかったのかな？」と考えます。あなたは自分がやりたいところまで創造し、そして飽きます。

第１章の最初の問いを覚えていますか？「もし私がなったなら、人生にあり余るお金を創り出すだろう、何になることを私は拒否している？」あなたは失敗になることを厭いませんか？

> どんなエナジー、スペース、コンシャスネスになれば、私本来の絶対的で、完全な失敗になれる？　それら全て掛ける不可説不可説転を破壊してアンクリエイトしますか？　Right and Wrong, Good and Bad, POD and POC, All 9, Shorts, Boys, and Beyonds.

コンフォート・ゾーンを超えていく

「お金になる方法」アドバンスクラスで、自分が創造したいものを知ることについて話していた時、ある人がこう言いました。「創造の終わりに『これは十分ではない』というジャッジメントがあるようなのです。『やったー！　やったぜ。他に何が可能？』とは言わず、自分が創造したものについて自分にだめ出しをしてしまいます」

私は言いました。「『これは十分ではない』はジャッジメントではありません。一つの気づきです。こう問いかけることができます：『私にとって十分である以上の何を創造し、または生み出すことができたのだろう？』あなたは自分のコンフォート・ゾーンを出ずに創造しようとしています」

コンフォート・ゾーンとは「私は十分に創造できる。私にとってはこれで良いのだ」とあなたが知っている場所のことです。あなたはそれを超えていくことを選びません。何がどうあれば、それを変えられるでしょうか？　選択です。

問いかけて：「今日、私がなることを選べる最も居心地の悪いものは何だろう？」例えば自分のサービスに、自分で居心地が悪くなるぐらいの値段をつけることを厭わずにいなくてはなりません。あなたにとって価値あるものは何ですか？　あなたにとってあなたの時間はどれだけの価値がありますか？

私はしばらくの間、プライベートセッションの価格を1時間1250ドルにしていました。人々は私に電話してきて泣きつきます。「私の人生は散々です！　これこれこうで、ああで」私はそんなガラクタに耳を傾けたいと思うでしょうか？　いいえ。私は問いかけました。「人々が直接、話の核心に入って私が一緒に対処できるようにするためには、いくら請求しなくてはならないだろうか？」私は1時間あたりの価格を2500ドルに変えました。今、2500ドルという価格で、私のセッションの95％は1時間ではなく30分で終わるようになりました。人々はやたらと涙を流すようなことはしなくなり、扱いたいことを直接切り出すようになりました。私の稼ぎが大幅に増えることはありませんが、人の話を一から十まで聞く必要はなくなりました。私にとっては良いことです。

「私の時間は私にとってどれだけの価値がある？」と問いかけることを厭いませんか？　あるいはあなたはこう言うでしょうか、「自分が心地よく請求できる額よりもずっと多いことはわかっている」と。あなたの時間があなたにとってどれだけの価値があるのか、見つけ出してください。そうすれば、それぐらいのお金を使うことがちょうど良いと感じるクライアントがやって来ます。あなたの価格を3倍にすることを考えてみてください。または、「どんなエナジー、スペース、コンシャスネスに私がなれば、全ての永遠において、完全に貧困に縛られた路上生活者になれる？」と問いかけても良いでしょう。

あなたは路上で暮らすことを厭いませんか？　それは嫌？　そうですか、それなら請求しなくてはいけません！

あなたは「いやいや、誰も私にそんなにたくさん払わないよ」とか「私にそんな価値はないよ」と結論づけるような人なのかもしれません。それはどんな問いかけですか？　問いかけではありません！結論です —— そしてそれが結論であれば、他の何かがあなたの現実にやって来ることができますか？何もありません！

あなたは自分の結論を変えたいですか？　それとも自分の現実を変えたいですか？

あなたは何を望んでいますか？

もしくは、あなたはとても気位の高い人で、お金を求めるなんてことはしないのかもしれません。「うん、まあ、そこまで本当に必要ではないし」とあなたは言います。それは「私は品格を重んじる人間なので、むしろホームレスになることを選ぶ。ホームレスでいることで他の誰よりも優れた人間でいられるのだから」ということです。

人々の中には、より多くのお金を求めることはイコール物乞いをすることだと思っている人がいます。彼らはとにかくエリートなので、決してお金を求めようとはしません。それなのに「私を直して、ギャリー。私は今とは違う現実が欲しい」などと言います。私が彼らを直す方法を教えても「ああ、私の教養が邪魔をしてそんなことはできない」と返します。

あなたに望む全てを与えるだろう、何にあなたはなっていませんか？　あなたが望むものは頭で認知できるユニバースではないので、自分自身ですら、自分が望む全てをわかってはいないでしょう。あなたは一度それを見出せたなら、一度それを頭の中で形にできたなら、全てがうまく行くと思っています。でも物事はそのように機能しません。コスタリカで私たちのセンターを創ることに着手した時、私はどうやってそのための支払いをするのか、何のヒントも持っていませんでした。とにかく着手して、その土地への最初の支払いをようやく終えたところです。私たちは実際に歩み出しました！

私たちがどのようにこれをやったのか、どんなことをさまざまこなす必要があったのかという話をしていた時、ある人が言いました。「ギャリー、もちろん**あなた**にはできますよ。それがあなたでしょう。でも今は**私**について話しているんです」

私はこう言いました。「あなたはこの問いかけを使わなくてはいけません：『人生に望む全てを私に与えるだろう、何に私はなっていないだろう？』私は人生で全てになること、何でもすること、何でも持つこと、何でも創造すること、何でも生み出すことを厭いません。私にはできないというものの見方を持っていないからです。そして選択をするたびにユニバースが、私たちが覗き込めるように 55 のドアを開いてくれるという事実にも気づいています。でもあなたは決して覗き込もうとしません」

覗き込むとは問いかけることです：「もしこれを選んだら、何を創り出すだろう？　これを選んだら、

何を創り出すだろう？　これを選んだら、何を創り出すだろう？」これはあなたの**選択**の話です。あなたが探している**結果**の話ではありません。

　私は未来により多くのコンシャスネスを創り出し、生み出すものになっています。あなたが目を向けているのは、今後どれだけお金を稼ぐかということです。それが私の基準であったことは一度もありません。そして何が起きているかというと、どうやら私は人より多くのお金を創り出しているようです。

　お金はあなたの選択の副産物です。選択はお金を創りません。お金は選択の結果としてついてくるものです。

あなたは全ての選択によって気づきを創造します

　人生があなたにとって満足なものになるかどうかは、あなたがより素晴らしい人生の創造を探求するかどうかにかかっています。数年前、私は友人と、より素晴らしい人生の創造を探求することについて話をしました。

　彼女は私に尋ねました。「アクセスはあなたがなって欲しいようになっている？」

　私は言いました。「いいや。私が思うほど早くは成長していないよ」

　彼女はさらに尋ねました。「それじゃ、どのくらいのお金を稼いでいるの？」

　私は言いました。「1年に150万ドルぐらいだね」

　彼女は尋ねました。「それはあなたにとって十分？」

　私は言いました。「もちろん、誰にとっても十分だよ。私は良い気分だよ」

　彼女は尋ねました。「それなら、あなたが思うようにアクセスが成長するには、どれぐらい稼がなくてはいけないの？」

　私は言いました。「もっとたくさん！」私は最低水準を年に1000万ドルに引き上げ、その後、年に1億ドルにしました。その後2年で、アクセスは47か国から183か国に広がりました。ユニバースがどのようにあなたをサポートするか、ここから何がわかりますか？

　人々はより素晴らしい人生を探し求めていると言いながら、そこへたどり着くために自分がしている選択をジャッジします。私はこう尋ねます。「あなたは本当にジャッジしていますか？　それとも自分

がする全ての選択から気づきを創造していますか？　あなたは自分がジャッジしていると**思っています**
── でも、実際には気づいているのです。『ああ！　これは私が行きたいところではなかった』と」

　あなたが野原を歩いているとして、右へ曲がる選択をし、その先に巨大な穴が開いていたら、そのま
ま落ちますか？　いいえ。あなたはこう言うでしょう。「ちょっと待てよ。これはうまく行っていないな。
ここで、これを変えられるどんな選択が私にはあるだろう？」常に選択です。

　どうか、この章の問いに答えてください。そして繰り返してください。あなたにとって何が真実なの
か、気づくようになるために。私からあなたへのお願いは、お金と一緒に楽しむことです。お金と一緒
に楽しむとは、どんなものでしょうか？　あなたが今しているよりも、さらに楽しいことでしょう！

ワークブックの問い　第3章

問い1：ユニバースのどの部分を私は信頼できる？　私自身のどの部分を私は信頼していない？
What part of the universe can I trust? And what part of me am I not trusting?

_____

_____

_____

_____

_____

問い2：私が人生で、一貫性のない自分になれるのに、一貫して同じ自分でいるところはどこだろう？　それに、一貫性のない自分でいることを可能にする、どんな選択を持つことができる？
Where am I being consistent in my life where I could be inconsistent, and what choice can I have that would allow me to be inconsistent?

_____

_____

_____

_____

_____

問い3：生き残れるようにするためだけに、私が信頼しているところはどこだろう？　私が繁栄することを可能にする全てを避けているところはどこだろう？
Where am I trusting only to be able to survive, and where am I avoiding everything that would allow me to thrive?

_____

_____

_____

_____

_____

問い 4：私が人生を可能性の源ではなく、普通のものとして創造しているところはどこだろう？

Where am I creating my life as normal rather than a source of possibility?

_____

_____

_____

_____

_____

第4章

セックス、お金、受け取ること
Sex, Money, and Receiving

　人々はよく、他の人たちと友情を持ちたいと言いますが、友人関係を創るよりも分離を創り出しているようです。それは彼らの受け取りを止めています。私はこの章を、あなたをひっかき回す問いから始めていきます —— でもその前に、受け取ることとセックスについて話したいと思います。

　セックスは、受け取ることの低調波です。受け取ることの制限されたバージョンです。思考、感覚、感情が、それぞれ知ること、知覚すること、なることの低調波であるのと同じように。あなたがセックスを避けたり、セックスが好きではなかったり、セックスをしたくないと思ったり、特定の種類のセックスをしなかったり、またはセックスを可能性ではなく何か悪いものとして見ていたりすると、セックスと同様、お金を受け取ることの可能性も切り落としています。

　セックスとは受け取ることについてのヒューマンのものの見方です。セックスをしていれば、あなたは受け取っています。セックスをしていなければ、あなたは受け取っていません。それはあなたがセックスをしなければならないということでしょうか？　いいえ。それはあなたがセックスをすることができるということでしょうか？　そうです、もしあなたが選ぶなら。それは選択であるべきです。お金を持つことと同じです。それはあなたがする選択であるべきです。

　例えば、あなたは子どもとのセックスについて考えることを避けていますか？　この問いは、あなたに出かけて子どもとセックスして欲しいという意味でしょうか？　もちろん違います。でも、子どもたちが性的であるということを見ず、子どもたちがセックスを厭わないということを見なければ、あなたはそれを機能させるために自分の気づきを遮断しなければならず、子どもたちからお金を受け取ることができません。

　あなたの子どもたちはお金の源になることができます。あなたがお金を創れるよう子どもたちに貢献を頼めば、彼らが貢献できて、あなたの人生にお金を創り出すそのエナジーは素晴らしいものです。あなたは全てを持つことを厭わずにいなくてはなりません。

　　お金を持たないようにするためにビーイングの泉を毒する、決してセックスをしないことの何をそんなに必要不可欠なものにしましたか？　それら全て掛ける不可説不可説転を破壊してアンクリエイトしますか？　Right and Wrong, Good and Bad, POD and POC, All 9, Shorts, Boys and Beyonds.

問い1：私がお金を避けるために、セックスを避けているところはどこだろう？
Where am I avoiding sex in order to avoid money?

_____

_____

_____

_____

_____

セックスは性行為とは全く関係のないものです

セックスには関係があっても、性行為とは全く関係のない物事があります。どういうことでしょうか？ セックスは体内の一つのエナジーで、あなたの体こそがお金を必要とするものです。これをやってみて：今この場で自分の体に、生殖器官の周りの血流を倍増させるように求めます。もう一回。もう一回。さらにもう一回。あなたの体に変化が起きているのに気づきますか？

体の痛みに気づきましたか？ あなたが体にこのように求める時、今まで性的なエナジーを拒んできた部分では、たくさんの血流によって痛みが起こることがあります。

> お金を持たないようにするためにビーイングの泉を毒する、決してセックスをしないことの何をそんなに必要不可欠なものにしましたか？ それら全て掛ける不可説不可説転を破壊してアンクリエイトしますか？ Right and Wrong, Good and Bad, POD and POC, All 9, Shorts, Boys and Beyonds.

人々は自分たちの性的なニーズについて語ります。私は「それなら、ただお金を払ってセックスをしたら？」と尋ねます。

彼らは言います。「そんなこと絶対にしないよ！」

私は言います。「あなたは絶対にセックスのためにお金を払いません。それは、受け取るために支払うことは絶対にしないという意味です。あなたはお金を受け取るためにお金を払わない、そうではないですか？ お金を稼ぐために、お金を使わなければならないとしたらどうですか？」この関連性がわかりますか？

人生でお金を持たないようにしているところでは、あなたはその日の秩序を創り出します。その日の秩序とは「一文なし」です。その日の秩序とは「セックスなし」です。その日の秩序とは「受け取りな

し」です。

　お金を受け取らないようにするため、そして人生からお金を除外するために、性的なニーズのどの部分を切り落としてきましたか？ それら全て掛ける不可説不可説転を破壊してアンクリエイトしますか？ Right and Wrong, Good and Bad, POD and POC, All 9, Shorts, Boys and Beyonds.

　クラスに来たある女性が言いました。「何年もアクセスのツールを使ってたくさんのものをクリアリングすればするほど、お金を持つか持たないか、セックスをするかしないか、ということにものの見方を持たなくなりました。本当に気にならないのです。それでも望みはしますが。なんだか変な場所です」

　私は言いました。「変な場所ではありません。そうあるべきなのです。物事がやって来る方法でやって来るようにさせること。あるがままを許容するのです。あなたが本当にセックスをしたいと思ったら、手に入れることはできますか？」

　彼女は言いました。「もちろん、いつだって」

　あなたはセックスへの願望も、お金を持つことへの願望も持てますが、実現のためにどんな選択をしなくてはならないでしょうか？ 願望は常に未来の現実です。今あるものの必要性ではありません。

　私は自分の性的なエナジーを決して遮断しません。それが何を創り出すかも知っているので、何かがうまく行かないとわかっている時に、他人と一緒にそこへ向かう選択はしません。私は人生において自分の性的なエナジーが自分自身への貢献であることに気づいています。**加えて私には、選択が創り出す**ものに目を向け、それを見届ける意欲があります。私は問いかけます：「お金を今すぐ創り出す、どんな選択ができるだろう？」

問い2：私のために今すぐお金を創り出すだろう、どんな性的な選択を今日することができるだろう？
What sexual choice could I make today that would make money for me right away?

_____

_____

_____

_____

_____

これは受け取りについての話です。性行為のことではありません。私は性的なエナジーを持つことができます。私は性的なエナジーに感謝することができます。私は色目を使うことができます。私はロマンチックになれます。私はそんなことが何でもできますが、同時に、それをしたら何が起きるかにも気がついています。それを選んだらどんな結果になるのか、あなたは進んで知ろうとしなくてはなりません。これはセックスや性行為、あるいはお金に無頓着でいるという話ではありません。必要性を持たないということです。あなたが、必要なものなど何もないというものの見方にたどり着いた時、全ては選択になります。

例えば、あなたがパートナーを裏切って浮気をしたら惨劇が待っていることはわかるでしょう。それでもあなたが自分自身を気持ちよく感じたいという要求から他の誰かの元へ行き、セックスをしたとします。実はあなたは、パートナーを裏切っているのではありません。自分を再び見つけようとしているのです。これは異なる現実です。ほとんどの人は「ここで私が本当に創造したいことは何だろう？」と問いかけるよりも「私はセックスをしなければならない」と考えます。あなたにはセックスをする**必要**などありません。セックスをしたいと**望む**のです。あなたは生きています。セックスをしたいと望みます。それは、あるべき姿、当然とされている形でセックスするという意味でしょうか？　必ずしもそうではありません。

私の友人に、セックスをした後は1日に最低でも5000ドルを売り上げる人がいます。ですから、彼がビジネスについてもやもやしている時、私はいつも「セックスしてこい」と言います。最近彼はセックスについて考え始めた途端、自分が売り上げを出し始めることに気がつきました。ここがあなたも向かうべきところです――「これからどうやってお金を創り出す？　どんなエナジーになる必要がある？」という感覚です。

> どんなエナジー、スペース、コンシャスネスにあなたがなれば、全ての永遠において、神より多くのお金を持つことができるでしょうか？　それら全て掛ける不可説不可説転を破壊してアンクリエイトしますか？　Right and Wrong, Good and Bad, POD and POC, All 9, Shorts, Boys and Beyonds.

動機づけの要素

十分なお金がないと思うと居心地が悪くなりますか？　**もちろん**そうでしょう。あなたは「決して十分ではない」という考えを心配や不安と結びつけています。しかし「決して十分ではない」は心配や不安ではありません。「決して十分ではない」とは創造の必要性です。人々は心配や不安を本来の創造としてではなく、当たり前に人生を突き動かすある種の必要性として誤認、誤用しています。その必要性の感覚が彼らの動機づけの要素となります。

動機づけの要素ではないのに、動機づけの要素として誤認、誤用してきたものは何ですか？　もしそれを動機づけの要素として誤認しなければ、あなたがこれまで進んで創造しようとしてきたことや、創造できたことよりも、さらに素晴らしい創造を可能にするだろうものは？　それら全て掛ける不可説不可説転を破壊してアンクリエイトしますか？　Right and Wrong, Good and Bad, POD and POC, All 9, Shorts, Boys and Beyonds.

これまで選び、創造できたことよりも、より素晴らしい何かを選び、創造するための能力を、不安や心配として誤認、誤用してきたところはどこですか？　それはあなたが本来選べるお金から目を離してごまかすために使っている嘘ですか？　それら全て掛ける不可説不可説転を破壊してアンクリエイトしますか？　Right and Wrong, Good and Bad, POD and POC, All 9, Shorts, Boys and Beyonds.

　欠乏の感覚はリアルではありません。無限の存在が本当に欠乏することがあり得るでしょうか？　いいえ。無限の存在が本当に心配することがあるでしょうか？　いいえ。無限の存在が不安に駆られることがある？　いいえ。だとしたら、なぜあなたは当然のように自分にそうさせているのでしょうか？　ヒューマノイドの現実のボール紙の人形ですか？

問い3:私はどこで自分をボール紙の人形だと認識し、人生を通してずっと紙の人形と遊ばせてきただろう？ Where have I identified myself as a cardboard figure that I have played paper dolls with continuously throughout my entire life?

_____

_____

_____

_____

　あなたは自分を紙人形として創造し、服を着せ、この世界に放り込んで「また後でね」と言います。自分をボール紙の人形にするのであれば、自分を役に立たないガラクタにすることもありますか？

問い4：私はどこで自分を非力で役立たずのガラクタにしてきて、神より多くのお金を持つことから自分を遠ざけているだろう？

Where have I made myself a powerless pile of shit that keeps me from having more money than God?

_____

_____

_____

_____

_____

　神はお金を持っていますか？　神にはお金が必要ですか？　神は常に欲しいものを手に入れますか？　そうであるならば、なぜあなたはそうしないのでしょうか？　あなたがただそこに向かうと決めさえすれば、欲しいものは何でも手に入るということを、神はいつだって知っています。

　　　動機づけの要素ではないのに、動機づけの要素として誤認、誤用してきたものは何ですか？　もしそれを動機づけの要素として誤認しなければ、あなたがこれまで進んで創造しようとしてきたことや、創造できたことよりも、さらに素晴らしい創造を可能にするだろうものは？　それら全て掛ける不可説不可説転を破壊してアンクリエイトしますか？　Right and Wrong, Good and Bad, POD and POC, All 9, Shorts, Boys and Beyonds.

問いかけに向かうこと

　人々は時々こんなことを言います。「クラスやサービスを始める時、人が何人やって来るだろうとか、イベントをこんな風にファシリテートしよう、といった期待や結論を持ち始めてしまいます」

　私はいつもこう言います。「あなたは問いかけに向かわなくてはいけません。結論に向かった途端に全てを完了してしまい、お金も得ることはできません」

　アクセスをしていたある男性がいました。彼のクラスに12人の参加申し込みがあり、彼は言いました。「すごい！　全ての請求書の支払いができて、あれもこれもできるぞ」

　私は「大きなミスだ」と思いましたが、彼は私に何も質問をしなかったので、ただ口を閉ざしていました。クラス当日に彼が会場へ行くと、そこには1人しかいませんでした。12人が申し込んだのに、来たのはたったの1人です。彼は私に電話をしてきてこう尋ねました。「私は一体何をしてしまったんでしょう？」

私は言いました。「君はお金を手に入れる前に使い始めたんだよ。お金が来る前に使ってしまったんだ」

ドラッグの売人なら、人がお金を持って目の前に現れない限り、自分の商品には買い手がついていないということをわかっています。決して商品が売れることを当てにしません。誰かにお金を手渡されるまで待ちます。ドラッグの取引中は、お金を手にするまでどんなことも諦めません。

そうです、あなたはコンシャスネスのドラッグを扱っているのです。お金を手に握った人が現れるまで、あなたには売るものもなければ与えるものもなく、あなたが持っているものを買おうとしている人もいません。その逆をやっているのなら、あなたは財産を創る前に使ってしまっています。

自分の財産を創る前に使ってしまうことの何をそんなに必要不可欠なものにして、自分が実際に財産を持つことは絶対にないということを確かなものにしていますか？ それら全て掛ける不可説不可説転を破壊してアンクリエイトしますか？ Right and Wrong, Good and Bad, POD and POC, All 9, Shorts, Boys and Beyonds.

問い 5：私はどんな投影、拒絶、期待、ジャッジメント、分離を持っていて、それが経済的な現状と、集客・顧客の現状を創り出しているだろう？
What projections, rejections, expectations, judgments, and separations do I have that are creating my current financial and clientele situation?

_____

_____

_____

_____

問い 6：どんな投影、拒絶、期待、ジャッジメント、分離を使って、私が本来選べるお金を避けているだろう？
What projections, rejections, expectations, judgments, and separations am I using to avoid the money I could be choosing?

_____

_____

_____

_____

投影や期待とは、他人がそうしようとしていなくても「この人はこうするだろう」とあなたが考えることです。**投影**は「この男性は私にとって完璧だ」、**期待**は「彼は、私が彼に対して持っているのと同じものの見方を持つだろう。彼は私のことを、自分にとって完璧な人だと思うだろう」というものです。

　ジャッジメントは、誰かや何かが特定のあり方であるべきだ、というあらゆる凝り固まったものの見方や、そのような確信です。**分離**は、あなたが何らかのジャッジをした時に起こります。あなたは自分がジャッジした人やものから分離します —— あなた自身からでさえ。**拒絶**は、何かを追い払う、または拒否することです。

　どんな種類のものであれ投影や期待をしている時、あなたは自分に気づきを与えるだろうものを分離し、ジャッジし、拒絶します。**あなたは自らの気づきを消し去っています。**

　起きていることや起きるべきことへの投影や期待は、今この場に現れているものの制限を創り出します。投影、拒絶、期待、ジャッジメント、分離はあなたをどこにも行き着かせません。それらが与えるものは無収入です。あなたの収入がゼロか、ゼロに近い時は、この問いかけをしてください：

問い7：今手にしているお金を持つために、そしてそれ以上を持たないために、私がしている選択は何だろう？
What choice am I making to have the money I currently have and no more?

_____

_____

_____

_____

_____

あなたのお金の使い方で世界をどう変えられる？

　私は年に1億ドルを創り出したいと思っています。なぜって？　私はお金持ちで有名になりたいから？　いいえ。私はお金持ち**であり**、**もっと**お金持ちになって、**もっと**有名になりたいから？　いいえ。世界を変えるために自分に何ができるのかを見たいからです。そしてお金は、世界を変えるために使える、数あるものの中の一つです。

　変化を創り出すためにいくら使うかではありません。あなたが手にする金額と、それがどのように世界を変えられるのかということです。私は6ドルのスナックのために6ドルのチップを残してきた話を数えきれないほどしてきました。あなたは状況を見つめて、こう問いかけなくてはなりません：「ここで私が本当に創造したいものは何？　本当に可能なことは何？」6ドルのチップは1人の女性の人生を

変えました。それは世界をも変えたでしょうか？　はい。チップを残すたびに、あなたは他の人の人生を変えるためにお金を使っています。世界を変えています。5ドルでも50ドルでも100ドルでも、人々の人生を変えられます。何であれ、あなたのポケットに入っているもので世界を変えられるのです。

お金は異なる現実を創り出すためにあなたが使えるツールです。そのような使い方をしていますか？　それが現れることを許さない全てを破壊してアンクリエイトしますか？
Right and Wrong, Good and Bad, POD and POC, All 9, Shorts, Boys and Beyonds.

問い8：私のお金で、世界を今すぐ変えるだろう、どんなことが今日できるだろう?
What can I do with my money today that would change the world right away?

_____

_____

_____

_____

_____

問い9：私にとってお金をいつでも簡単なものにしてくれる、何になり、何をすることが今日できるだろう?
What can I be or do today that would make money easy for me always?

_____

_____

_____

_____

_____

「お金をいくらかもらえますか？」

　ある女性がこんな話をしました。あるクラスを自宅でホストした後に、好んで彼女を訪ねてくる5歳の女の子が「ロリポップキャンディをちょうだい」と頼んできました。

　女性は言いました。「この家にキャンディはないの、でもチョコレートならあるわ」

　女の子は言いました。「私はキャンディが欲しいの。一緒にバスケットの中を見に行っても良い？」

　2人は上の階に上がってバスケットを覗きましたが、キャンディはありません。すると突然、女の子

が言いました。「見て！　一つあった！」そして女の子はバスケットからキャンディを引っ張り出しました —— さらにもう一つ —— そして言いました。「ほらね？　キャンディがあるでしょう？」

前に見た時、ロリポップキャンディはなかったと誓って言ったその女性は、女の子に言いました。「あなたの創造の仕方はとっても素敵だわ」

子どもたちは何にでもなり、何でも受け取ることを厭いません。無限であることも厭いません。私たちはどうでしょう？

その小さな女の子は「ロリポップキャンディが欲しい」と言いました。あなたはそんな風により多くのお金を求めていますか？　「私はお金が欲しい」と言っていますか？　それとも「お金を得るために私は何を**しよう**？」と問いかけていますか？

私ならこう言います。「さてと、お金がもっと要るな。お金をもっともらえませんか？」子どものように言います。子どもたちはあなたを見つめてこう頼みます。「お願い、これをもっとちょうだい？」あなたは言います。「もちろんだよ」

もしあなたがユニバースで、小さな子どもが「これをもっとちょうだい？」と頼んだら、あなたは「イエス」と言うでしょう。でも、あなたはユニバースがそんな風には応えてくれないと思っています。あなたが完全に明確で、「お金をいくらかもらえますか？」と求めたとしたら？　ユニバースは、あなたが子どもに対してそうするのと全く同じ方法で応えるのではないでしょうか？

私の友人が、息子を連れて水族館に行きました。水族館に入る時、その子は「パパ、おもちゃを買ってくれる？」と聞きました。父親は自分のポケットに手を伸ばして、財布もクレジットカードも、小銭すらも持ってこなかったことに気がつきました。彼が持っていたのは水族館のチケットだけでした。彼は「知っている人を見つけてお金をもらわないといけないよ」と言いました。

エレベーターに乗り込んだところで子どもが「パパ、3階に行こう」と言ったので、彼は3階のボタンを押しました。3階で扉が開くと、床に10ドル札が落ちていました —— 子どものおもちゃのためのお金です。一丁上がり！

あなたはこんな風に人生を簡単なものにしますか？　いいえ、あなたは人生を困難なものにしなくてはいけません。

人々は私に「あなたはそうやって簡単そうに言うけれど」と言います。

私は言います。「実際に**簡単なのさ**」

それでも彼らは「私にとっては簡単ではありません！」と言います。あなたの見方もそうですか？
あなたは、人生が簡単なものであることを自分が望んでいないことに気づいていますか？　私はクラスの参加者たちにこう質問したことがあります。「人生が簡単すぎたら、何が起きますか？」

ある女性はこう言いました。「ああ！　全てがとても簡単になるでしょう。きっと素敵だわ！」

私は言いました。「きっと**素敵**だって？！　それでは、あり得ない人生を持つことはどう？　あなたはワクワクするとか、楽しくなるとは言わなかったね、気づきましたか？　**素敵**というのは良いドレスに使う言葉です。あなたは素敵なドレスを選ぶ。素敵なお金は選びません。あなたは息を呑むほど素晴らしい人生よりも、素敵な人生が欲しいのです。あなたは、それを着て部屋に足を踏み入れたら人々を仰天させるような、素晴らしいドレスすら望みません。あなたは素敵な人生を生きたいという、このものの見方を乗り越えなくてはいけません」

あなたは本当は持ちたいと思っている、あり得ない人生を持つことを拒んでいますか？

それら全て掛ける不可説不可説転を破壊してアンクリエイトしますか？　Right and Wrong, Good and Bad, POD and POC, All 9, Shorts, Boys and Beyonds.

自分のものの見方がどんなものかを見なくてはいけません。お金を持つことからあなたを遠ざける、お金についてのものの見方は何ですか？　何かが**ナイス**だとか**素敵**だというアイデアから抜け出しなさい。

お金はあなたが創造したいものの具体性に従ってやって来る

本当に強く望むものを得るために、今から何になり、何をしなければならないでしょうか？　これからお金を創造しようとするのであれば、具体性を持たなくてはなりません。お金はあなたが創造したいものの具体性に従ってやって来ます。こう問いかけてはどうですか？「私が真に望む、息を呑むほど素晴らしい人生を持つために、何になり、何をしなくてはならないだろう？」

個人的に私は美しいものが大好きです。美しい品々を所有している人々にたくさん会ってきましたが、ほとんどの家で、それらを使うことはできません。家具のどれにも腰掛けることはできないのです。それらは博物館にあるような品質なので、ソファには細いロープが張られています。今、私の家にはそれと同じようなものがあります。私のソファや椅子に人々は座っているでしょうか？　はい！　私のものの見方は「使わないのなら、どうして持っているの？」です。

「お金になる方法」アドバンスクラスの参加者が「私の母はソファにビニールのカバーを掛けていました」と言いました。

私は言いました。「あなたは自分の人生からビニールカバーを外さなくてはいけません。あなたは何回腰掛けても汚れないように、きれいに見えるように、今まさに自分の人生にビニールカバーをしています。でもそこにビニールカバーがある限り、絶対に触れることはできません。もし、自分の人生に触れたらどうなるでしょうか？」

　あなたはソファにビニールカバーをかぶせていますか？　自分の現実に触れなくて良いように、あなたがプラスチックで加工したところはどこですか？

問い 10：触れたり、関ったりしなくて良いようにするために、自分の人生にプラスチック加工をしているところはどこだろう？
Where am I plasticizing my life so I don't have to touch it or be involved in it?

_____

_____

_____

_____

_____

　ものは汚さなくてはなりません。あなたがあり得ない人生を持つのであれば。常識を超えて生きるのであれば。本当にお金を持ちたいのなら、取り散らかして生きることも厭わずにいなくてはなりません。汚い家に住むという意味ではありません。あなたに誠実ではない人々をかき回さなくてはいけないということです。

　あなたは人々の人生をかき回すことも厭わずにいなくてはなりません。なぜなら人は、何も自分に触れることのない、プラスチック加工された人生を望むからです。

　私のメイドは耐えがたいほどのろまでした。私は「こんなにのろまな仕事をする人に 1 時間 20 ドルも払うつもりはない。時給を 12 ドルにカットする」と言いました。今、彼女は自分の仕事に感謝しています。何でも素早くこなすようになりました。どうしてそうなったのか私にはわかりません。彼女は仕事があることに胸を躍らせています。彼女をここで働かせている私に毎日感謝しています。どういうこと？　どうしてそうなったのでしょう？　だってそういうものだからです。人は、自分が手にすることを厭わないもの以上に素晴らしいものを持つことはできません。

問い11：私が持つことを厭わないもの以上に素晴らしいもので、自分はそれを持つつもりはないと決めたことは何だろう？

What have I decided I am not willing to have that's greater than what I am willing to have?

_____

_____

_____

_____

　取り散らかした人生を持つことについて私が話していた時、ある人が言いました。「他の人たちとやり取りをしている時、自分が彼らを遠ざけているような気分になります」

　私は言いました。「そうだね、それは楽しくない？」

　彼女は言いました。「ひどいことだと思います。そんなことをするのは本当は嫌なのです」

　私は言いました。「いいや、それはちがう！　本当に嫌だったらしないはずだよ。あなたが他の人々を遠ざける時、彼らはあなたに近づくことができません。それはあなたの人生をプラスチック加工することです。そうすれば自分のプラスチックの世界を取っておくことができます。あなたは自分に今、何が創造できるのかという可能性の深みに到達したくないのです。そこに到達したら、自分自身を超えることになってしまうから」

　どうか以下の問いにもう一度答えてください。そしてあなたの家具と人生から、プラスチックを取り除くのです！

ワークブックの問い　第4章

問い1：私がお金を避けるために、セックスを避けているところはどこだろう？

Where am I avoiding sex in order to avoid money?

_____

_____

_____

_____

_____

問い2：私のために今すぐお金を創り出すだろう、どんな性的な選択を今日することができるだろう？

What sexual choice could I make today that would make money for me right away?

_____

_____

_____

_____

_____

問い3:私はどこで自分をボール紙の人形だと認識し、人生を通してずっと紙の人形と遊ばせてきただろう？

Where have I identified myself as a cardboard figure that I have played paper dolls with continuously throughout my entire life?

_____

_____

_____

_____

_____

問い4：私はどこで自分を非力で役立たずのガラクタにしてきて、神より多くのお金を持つことから自分を遠ざけているだろう？

Where have I made myself a powerless pile of shit that keeps me from having more money than God?

_____

_____

_____

_____

_____

問い5：私はどんな投影、拒絶、期待、ジャッジメント、分離を持っていて、それが経済的な現状と、集客・顧客の現状を創り出しているだろう？

What projections, rejections, expectations, judgments, and separations do I have that are creating my current financial and clientele situation?

_____

_____

_____

_____

_____

問い6：どんな投影、拒絶、期待、ジャッジメント、分離を使って、私が本来選べるお金を避けているだろう？

What projections, rejections, expectations, judgments, and separations am I using to avoid the money I could be choosing?

_____

_____

_____

_____

_____

問い7:今手にしているお金を持つために、そしてそれ以上を持たないために、私がしている選択は何だろう?

What choice am I making to have the money I currently have and no more?

_____

_____

_____

_____

_____

問い8:私のお金で、世界を今すぐ変えるだろう、どんなことが今日できるだろう?

What can I do with my money today that would change the world right away?

_____

_____

_____

_____

_____

問い9:私にとってお金をいつでも簡単なものにしてくれる、何になり、何をすることが今日できるだろう?

What can I be or do today that would make money easy for me always?

_____

_____

_____

_____

_____

問い10:触れたり、関ったりしなくて良いようにするために、自分の人生にプラスチック加工をしているところはどこだろう?

Where am I plasticizing my life so I don't have to touch it or be involved in it?

_____

_____

_____

_____

_____

問い 11：私が持つことを厭わないもの以上に素晴らしいもので、自分はそれを持つつもりはないと決めたことは何だろう？

What have I decided I am not willing to have that's greater than what I am willing to have?

_____

_____

_____

_____

_____

第5章

あなたは人生で何をしたいですか?

What Do You Want to Do with Your Life?

　お金を創り出す上で大事な点は：あなたはヒューマノイドです。実はお金なんて気にかけていません。お金を持つ目的がなければ、あなたがお金を持つことは永遠にありません。しかし、「もし1億ドルを手にしたら自分は何をするだろうか」ということが見えたなら、あなたは自分がしたいことのために1億ドルを創造し始めます。あなたにはお金を持つ目的が必要です。

　あなたは人生で何をしたいですか?　それこそ「私が1億ドルを持っていたとしたら何をするだろうか?　何を創造するだろうか?」と問いかける理由です。

この現実を超えて創造すること

　「私は本当には自分の人生を創造していない」と気づかなくてはなりません。そこからこう問いかけることができるのです：「ここは私が本当に生きたいところだろうか?　それとも私は何か違うことがしたいのだろうか?　そして、もし私が違うことをしていたとしたら、何をするだろう?」とは言え実際は、あなたが何を**する**かではありません。あなたが何に**なる**かです。今あなたが持っている現実とは異なる現実を持つために、何に**ならなくては**ならないでしょうか?

　　　今あなたが持っている現実とは異なる現実を持つために、何にならなくてはならない
　　　でしょうか?　それら全て掛ける不可説不可説転を破壊してアンクリエイトしますか?
　　　Right and Wrong, Good and Bad, POD and POC, All 9, Shorts, Boys and Beyonds.

　ある女性が私に言いました。「私がもし1億ドルを手にしたら、何かを創造したいという気が起きないと思います。ただこの世界を体験し、旅をし、冒険したいとは思うけれど、それを支えるお金を得る方法を見出そうとすることに抵抗があります」彼女のものの見方は「お金を稼がなくてはいけないのは嫌だ。ただ遊びに行けるようになりたい」というものでした。

　私は言いました。「あなたはこの現実の選択肢ばかりを鵜呑みにし続けてきて、自分のために選んできませんでした。世界を見に出かけたいというのは、この現実です。もしあなたが、自分が欲する全てのものを創造していたとしたら、何を創造するでしょうか?」

これが、この現実を超えて創造するエナジーになるということです。選択肢はもっとずっとたくさんあります！　あなたが真に自分の選択を手にしていたら、どれだけたくさんの選択肢を持てるでしょうか？　自分のために選んでいたら、どんな選択をするでしょうか？　ここでこう問いかけることができます：「今手にしているお金を持つために、そしてそれ以上を持たないために、私がしている選択は何だろう？」

　ぜひ、これを自分に問いかけてください：

問い１：私の現実を持つことから私を遠ざける、この現実のメニューから選ぶことの何をそんなに必要不可欠なものにしてきただろう？
What have I made so vital about choosing from the menu of this reality that keeps me from having my reality?

_____

_____

_____

_____

　「コンシャス・ホース、コンシャス・ライダー（コンシャスな馬、コンシャスな乗り手）」というクラスのために、アメリカに渡航しようとしていたある女性が、私に電話を掛けてきて言いました。「空港に行くタクシーが４時間後に来ます。この旅に出たいと本当に思っているけれど、この現実の全てが私に行くなと叫んでいます。『それは現実的ではない。家族のこと、義理の家族のこと、経済的なことを考えろ』と。これにはパターンがあります。私は、他人には想像もつかないことをします。私には人と違って私になれるもの、私にできることが見えているのに、私の中にはまだこの現実を鵜呑みにしている部分があるのです」

　私はこう尋ねました。「あなたはどこから創造しようとしていますか？　気づき？　結論？　それとも他の誰かのものの見方の正しさから？　あなたが想像できるユニバースのどれだけが、他人に属しているものですか？」

　彼女は言いました。「私には他人とは異なる選択があると気づいています。想像もつかない物事を選ぶことも厭わない自分に気づいています。でも現時点でこの現実は、あまりに多くの時間を私から取り上げています」

　これはあなたにも当てはまりますか？　こう問いかけなくてはなりません：「私が創造したいものは何だろう？　私にとって一生で一番大切なもので、もしそれを創造できたら自分が幸せになるものは何だろうか？」あなたは自分が幸せになるものを本当に選んでいますか？　それとも他の誰かを気持ちよ

く、幸せにしようとしていますか？

　他人が自分と同じものの見方を持っていないことが、なぜあなたにとって問題なのでしょうか？　あなたに賛同する人が誰もいなかったら、他人のものの見方の中に正しさを見出さなくてはなりませんか？　他人が選んでいるものを選ぶ理由を、あなたはなぜ気にするのでしょうか？　そもそも彼らのものの見方をなぜ気にするのですか？　気にすべきだから？　それは「自分の正気よりも他人の正気の方が偉大であるはずだ、だって私は自分が狂っているのを知っているから」ということです。あなたは、彼らに小さな白ジャケットを着せられてどこかへ連れていかれてしまうと思っています。自分の選択について結論づけないでください。問いかけてください。

問い2：自分の選択について何の結論もなかったとしたら、私は何を創造するだろう？
If there was no conclusion about what I was choosing, what would I create?

_____

_____

_____

_____

_____

　あなたは自分の選択が悪かったのか、良かったのかを確かめようとし続けます。でも、自分の選択が悪いか、良いかを見ようとしていたら、その選択が創り出したものを見ることはできません。あなたの目に入るものは、他の人々があなたに投げかけるジャッジメントだけです。

　あなたは何かを選んで「これは最良の選択ではなかった」と言います。でも、あなたはそこで「私は他に何を選べる？」と問いかけるのではなく、自分がいかに正しかったか、いかに間違っていたかを探し始めます。

あなたという強さ

　あなたが正しいことなど絶対にないとしたら？　あなたが間違っていることなど絶対にないとしたら？　あなたがなれるものはたった一つしか残されていません —— 完全に強くあること。あなたが正しいことも、間違っていることも絶対にないとしたら、残るはただ一つ、完全に強くあることだけです。なぜなら強さは、人とは違うあなたという気づきから生じます。何を選ぶべきか、他人の現実のジャッジメントから出てくるものではありません。

　私たちの多くは自分が持っている強さ、なっている強さを認めていません。あなたという強さを絶対に認めないこと、それをどうしてあなたは受容できるのでしょうか？

問い3：私が認めていない強さとは？

What strengths am I not acknowledging?

_____

_____

_____

_____

　強さとは、自分が打ち砕かれることはないとあなたが知っている場所です。あなたを破滅させようとしてきた人がいますか？　彼らは成功しましたか？　いいえ。あなたをねじ曲げ、折りたたみ、ホチキスで留めて、バラバラにすることが彼らにできますか？　あなたがそれを彼らに許した分だけです。その人を正しいものにする必要はありません。その人を間違いにする必要もありません。あなたはただ強くあれば良いのです。

　何があなたを他人よりも強くするのでしょうか？　何のジャッジメントも、何のものの見方も持たないことです。特にあなた自身に対して。それができた時、あなたは他の誰よりも強くなっています。

問い4：「自分は○○だ」とあなたが決めたことを5つ、またはあなたの特徴を5つ書き出してください。それから回答を一つずつ見てこう問いかけます：これは間違い？　それとも強さ？

Write down five things you've decided you are, or five characteristics you have. Then look at each thing and ask: Is this wrong or is this strong?

_____

_____

_____

_____

　特徴とはあなたが選んだもので、その後、それがあなたの全てであり、それ以外の何ものでもないかのように固めたものです。

問い 5：あなた自身について、「本当にだめだ、間違っている」と思うことを 5 つ書き出してください。それから回答を一つずつ見て問いかけてください：これは間違い？　それとも私が認めようとしてこなかった強さ？

Now write down five things you think are really wrong about you. Then look at each one of them and ask: Is this something wrong or is this something strong I have not been willing to acknowledge?

_____

_____

_____

_____

_____

　「自分のここがだめだ、間違いだ」と思っていることが、あなたの最も良いところです。例えば、自分はお金にだらしないと思っていますか？　その逆もまた、あなたの真実だということを見なくてはいけません。あなたがコインの片面になれるのであれば、もう片方の面にもなれるのです。あなたはコインの縁で生きて、いつでも自分がしたい時に、表に裏にひっくり返ることができるのです。間違いに目を向けるのではなく、強さを進んで見ようとしなくてはなりません。

問い 6：問い 4 と 5 で書き出した回答を見てください。
・問いかけて：これの逆は何？　答えを書いてください。
・問いかけて：私はこれの逆になることもできる？　答えを書いてください。
・さらに問いかけて：もし私がこれと、その逆になることも厭わなければ、どんな強さを持ち、どんな強さになることができる？　答えを書いてください。

Look at each item you've written down in answer to Questions Four and Five.
- **Ask: What's the opposite of this? Write down your answers.**
- **Ask: Am I capable of being the opposite of this too? Write down your answers.**
- **Then ask: If I am willing to be this and the opposite of it, what kind of strength can I have and be? Write down your answers.**

_____

_____

_____

_____

_____

強さを認める

　私は最近、財務や法務を任せるために雇った人々が昨年、弁護士費用と金融上の諸経費に75万ドルものお金を使っていたことに気づきました。私は彼らが厄介ごとを引き起こす前に気づかなかった自分を責めません。ただその気づきを受けて、自分にとって機能することを選び、実行します。

　何かが厄介なことになる前に瞬時に見抜くという話ではありません。その厄介ごとが見せてくれている強さ、あなたには対処できる力があるということを認識するのです。他の人にはできない、あなたが対処できることは何ですか？　それに、それが**実は**厄介ごとではないとしたら？　他の方法では得られない、あなた自身の感覚をあなたに与えてくれる何かだとしたら？

　私には彼らが、私たちが必要としていた情報を与えてくれるとわかっていましたし、実際にそれを得ました。私は彼らが提供**するであろう**ことではなく、提供**できる**ことに気を取られていました。次の機会には、人が何を提供できて、実際に何を提供するだろうか、ということに目を向けます。

　正直に言って、私はその出来事に感謝しています。今、以前はできなかったやり方で前に進むことができます。一つとして間違ったことがあったでしょうか？　いいえ、これは私たちが持ちたかった気づきにたどり着く過程の一部でした。私は完全な気づきが欲しいのです。それを得るために何があろうが構いません。それを得るために何を失っても構いません。そんなものの見方から物事を見ることを厭わないという場所へ、あなたはたどり着かなくてはなりません。

「哀れ」をする

　ある人が言いました。「時々、強さである私を認めるよりも哀れな自分でいる方が価値があるような気がします」

　私は言いました。「その理由は、あなたがこれまで哀れな自分でいることからなんだかんだとたくさんのものを得てきたからです。あなたが哀れなことをすれば、誰かが何かをくれたり、あなたの面倒を見たり、用を足したりしてくれます。だから哀れであることに価値があるように見えるのです。役に立つのです。ここでの問いは：『何を引き起こしたいですか？』哀れであることはだめなことではありません。素晴らしいツールです。他の人たちをかき回す一つの方法です」

　私は必要な時には哀れな自分になります。私は自分がひどく困った状況にあるふりをするのがとても上手です。「コンシャス・ホース、コンシャス・ライダー」クラスの受講者を登録していた時、私は言いました。「携帯電話でこれをする方法がわからない。私の携帯でできるのかどうかもわからない。私のためにやってくれませんか？」

私が話しかけた人はこう答えました。「テクノロジーに関して自分が無能だと本気で信じているふりをしながら馬鹿を言うのはやめてください。無能どころか、あなたが今までいろんなことをしているのを私たちは見ています」

私は言いました。「ああ、ばれちゃったね」

あなたは強さを認めるよりも常に弱点を探し、そしてその弱さにだめ出しをします。この問いかけをしません：「この弱さがあることで、私はどう強くなっている？　もし私が哀れなことをしていたら、それはどう、私にとっての強さとなるだろう？　そのものの見方で、私は何を創造している？」

自分がどれほど優秀か、あなたには見えませんか？　あなたは最適な瞬間に哀れなことをして、あなたがやって欲しいことをそのまま他人にやらせることができます。ただの選択です。この10秒間にうまく機能することを選んでください。何を選ぶかは関係ありません。関係ないのです！

誰を信頼しますか？

「コンシャス・ホース、コンシャス・ライダー」のクラスに出るため、飛行機に乗ろうとしていた女性が言いました。「4時間後に飛行機に乗ってアメリカに行くことに、何も良い理由が見当たりません。でも私の気づきでは、4時間後に空港に**行かないわけにはいかないのです**」

私は尋ねました。「じゃあ、あなたは誰を信頼するの？」

彼女は言いました。「私！」

あなたは100％コミットすることをいつでも選ぶことができます。問いは：あなたは**自分自身**に100％コミットしますか？

あなたはこう言うでしょうか？「この次のステップに進むのは安全な感じがする。崖下に落ちるかもしれないけれど、いつだって命綱があるとわかっているし」あなたには命綱があるということをわかっていますか？　それが何であれ、たとえそれがあなた自身の強さだったとしても。あるいはあなたはこう言うでしょうか？「どうしよう！　私には何もない！　何のためにこれをやっているの？」

問い7：もし命綱がなかったら、私は何になるだろう？
If I had no lifeline, what would I be?

_____

_____

_____

_____

_____

10秒ごとに未来を創造する

　飛行機に乗ろうとしていた女性は、どうなるのか明確な手がかりが全くなくても、「コンシャス・ホース、コンシャス・ライダー」クラスに行くことで人生が良くなることを知っていました。

　皆さんの多くは「ええと、これをやって未来にお金が創られるならできるけど、未来のお金のためでないのならできない」というものの見方を持っています。

　私はそうはしません。こう問いかけます：「これを選んだら、私の未来はどうなるだろう？　これを選ばなければ、私の未来はどうなるだろう？」

　75万ドルを取っていった人たちとさえ、私たちが一緒に未来を創造していたことを私は知っています。後にある時点で私が「わかった、これは未来を創造していない。私たちが手にしたい未来を実現できるような方向には進んでいない。何かが変化しなくてはならない。ここで何かが今までと違う風にならなくてはならない」と言った時がありました。

　何かが変化しなくてはならないと気づいた時、私たちはそれを変えるために必要なことをしました。あなたは、変化すべき時が来たら気づかなくてはなりません。何かをすべき時が来たら気づかなくてはなりません。何であれ、それが正しいか間違いか、良いか悪いかという考えから機能しないでください。それはそれ、でしかありません。

　正しいか間違いかということにあなたが入り込んでいった瞬間、あなたは未来を殺します。失敗や困難にあなたが入り込んでいった瞬間、あなたは未来を殺します。物事を見て、こう問いかけなくてはなりません：「さて、ここからどこへ行こう？　私が可能だと知っているよりさらに素晴らしい未来がある、どこへ向かおうか？」

　あなたは単に今いる場所にいて、そして向かうべき他の場所があります。「私はこれを正しくしなけ

ればならない」とか「私はこの失敗を絶対に繰り返さないようにしなければならない」というようなことではありません。「私はどこに向かうべきかを知っていて、そこに行くことを厭わない」ということです。

　こう問いかけなくてはなりません：「もし間違いや悪さ、ジャッジメントを創り出さなかったら、私が望んでいることはどれだけ早く未来に実現するだろう？」

　これがあなたのリストの次の問いです。あなたは間違いや正しさに向かうことをやめなくてはならないからです。

問い8：もし間違いや悪さ、ジャッジメントを創り出さなかったら、私の望んでいることはどれだけ早く未来に実現するだろう？
If I didn't create the wrongness and the badness and the judgment, how quickly would what I desire actualize in my future?

_____

_____

_____

_____

_____

　あなたはある方向へ歩き始め、それが自分でこうなるべきと思う結果にならなければジャッジメントに走り、そうすることで自分が既に創り出した未来を破壊します。

　私の良き友人の1人が「未来は決して自分が思うような見た目にはならない」と言いました。私たちが考えるものと違うのであれば、どんなものになるのでしょうか？

　これはあなたが「何かを創造しなければ、何かをしなければ」と思い、「参ったな。私は何を間違ってしまったのだろう？」と疑問を持つところ全てに関わる話です。

　あなたの犯した間違いとは、自分が間違いを犯したと決めたことです —— そしてその瞬間に未来は終わりました。私たちは未来の可能性を創り出すことよりも、未来を終わらせることに人生を費やしています。

乗り越えられないものを迂回する

　あなたは創造しようとしている未来へ続く道の途中に山を置いています。その山をなくすには、物事

のやり方を変えなくてはなりません。

そこに山があるのなら、それはあなたの創造物です。それらが、創られた時と同じぐらい簡単にあなたの手で壊せるものだとしたら？ 難しいところは、私たちの多くがそれを見たがらないことです。もしそれを見てしまったら、私たちが信用していない人たち —— 私たち自身を信じなくてはならないからです。

あなたは乗り越えられないものを目にして、その乗り越えられないものは実際にリアルなものだと思います。私はそれを見てこう問いかけます。「これをどのように迂回する？」

乗り越えられないものとは、迂回する必要のあるものです。乗り越える必要のあるものではありません。乗り越えるべきものなど何もなく、ただ全ては迂回すべきものだったとしたら？ でも、あなたは自分をそんなに出来の良い人だとは思っていませんよね？ 私はあなたのことをそれぐらい良く思っていますが、**あなた**はそうは思っていません。あなたは、他人が選べないものを選ぶ能力を持っていますが、あなたはそれが何かの間違いか、あなたが何かの間違いか、何か別のことが起きなくてはならないかのように振る舞い続けています。

私は今自分がいる場所を見ています。今ここにいます。私は問いかけます。「どこへ行かなくてはならないだろう？ 今日何をしなくてはならないだろう？ 対処されるべきことは何だろう？」

他人をあなた以上に重要にすること

人生で、本当にあなたに興味を持っている人はごくわずかであることに気づいていましたか？ ほとんどの人は自分の話がしたいだけです。なぜでしょう？ 彼らが愚かだからです！ 愚かな人々はいつも自分の話ばかりしています。あなたにこれっぽっちも興味がありません。知的な人はあらゆる人々に興味を持っています。ちなみにそれは、大半の人々は知的ではないという意味です。人々があなたに興味を持たないのは、彼らが知的ではないからです。

あなたはこれを見ることを拒んでいます。あなたに興味を持たない人がいれば、その人は自分よりも素晴らしい、または重要なのだと結論づけます。**重要**とはあなたより優れているという意味です。人々はキャリアやお金を理由に、あるいは親切に見える、好意的に映るなどという理由で、他人を自分よりも素晴らしく、重要な存在にしてしまうと言います。なぜあなたは他の誰かを自分以上に素晴らしく、重要な存在にしようとしているのですか？

他の人々を自分よりも重要にすれば、彼らはあなたに反して創造します。例えば私は、顧問弁護士を自分よりも重要な存在にしていました。彼らが私の知らないことを知っているだろうと思っていたからです。彼らは私の知らないことを知っていたでしょうか？ いいえ。彼らは私が持っていない情報を持っ

ていました。それは違う話です。だからと言って彼らが私よりも多くを知っていて、彼らが私よりも重要だということにはなりません。私は彼らが与えてくれる情報を見て、それはとても重要なことなので彼らのすることに我慢しなくてはならないと思っていました。私は彼らをとても重要な存在にしていたがゆえに、彼らがしていたことを進んで見ようとして**いません**でした。私たちは皆、こんなことをした経験があります。それによって私たちが間違った存在になることはありません。ただ少し近眼になるだけです。

　誰かを**価値あるもの**にすることと、**重要**にすることは違います。価値があるとは、あなたに何かをくれる人のことです。私には、私のために働いてくれる人たちがいます。私にできることを、彼らはできるでしょうか？　いいえ。それは重大なこと？　いいえ。私にできることを他の人たちもできるかどうかは問題ではありません。大事なのは、私の人生がうまく行くように、私が彼らにしてもらう必要のあることを彼らがすることです。もし誰かがそうしたなら —— 私の人生がうまく行くように、私が彼らにしてもらう必要のあることを、彼らがすることを厭わなければ —— 私の人生において、その人には価値があります。

　私は私の家を掃除し、シーツを取り換えているメイドをとても価値あるものと考えています。彼女は私の人生への貢献です。なぜって？　私が自分の部屋に入る時、ベッドメーキングがされていて、さらにそれが100万ドルであるかのように見えたら、それは有益なことでしょうか？　言うまでもありません。あなたが価値がないと決めた人とは一緒に創造することができません。彼らはあなたに反して創造することしかできません。

問い9：私が人生で価値あるものにしていない人で、価値あるものにしたならば、私の人生により多くを創り出すだろう人は誰だろうか？

Who am I not making valuable in my life that if I made them valuable would create more in my life?

_____

_____

_____

_____

ワークブックの問い　第5章

問い1：私の現実を持つことから私を遠ざける、この現実のメニューから選ぶことの何をそんなに必要不可欠なものにしてきただろう？

What have I made so vital about choosing from the menu of this reality that keeps me from having my reality?

_____

_____

_____

_____

_____

問い2：自分の選択について何の結論もなかったとしたら、私は何を創造するだろう？

If there was no conclusion about what I was choosing, what would I create?

_____

_____

_____

_____

_____

問い3：私が認めていない強さとは？

What strengths am I not acknowledging?

_____

_____

_____

_____

問い4：「自分は○○だ」とあなたが決めたことを5つ、またはあなたの特徴を5つ書き出してください。それから回答を一つずつ見てこう問いかけます：これは間違い？　それとも強さ？

Write down five things you've decided you are, or five characteristics you have. Then look at each thing and ask: Is this wrong or is this strong?

_____

_____

_____

_____

_____

問い5：あなた自身について、「本当にだめだ、間違っている」と思うことを5つ書き出してください。それから回答を一つずつ見て問いかけてください：これは間違い？　それとも私が認めようとしてこなかった強さ？

Now write down five things you think are really wrong about you. Then look at each one of them and ask: Is this something wrong or is this something strong I have not been willing to acknowledge?

_____

_____

_____

_____

_____

問い6：問い4と5で書き出した回答を見てください。

・問いかけて：これの逆は何？　答えを書いてください。

・問いかけて：私はこれの逆になることもできる？　答えを書いてください。

・さらに問いかけて：もし私がこれと、その逆になることも厭わなければ、どんな強さを持ち、どんな強さになることができる？　答えを書いてください。

Look at each item you've written down in answer to Questions Four and Five.

- Ask: What's the opposite of this? Write down your answers.
- Ask: Am I capable of being the opposite of this too? Write down your answers.
- Then ask: If I am willing to be this and the opposite of it, what kind of strength can I have and be? Write down your answers.

_____

_____

_____

_____

_____

問い7：もし命綱がなかったら、私は何になるだろう？

If I had no lifeline, what would I be?

_____

_____

_____

_____

_____

問い 8：もし間違いや悪さ、ジャッジメントを創り出さなかったら、私の望んでいることはどれだけ早く未来に実現するだろう？

If I didn't create the wrongness and the badness and the judgment, how quickly would what I desire actualize in my future?

_____

_____

_____

_____

_____

問い 9：私が人生で価値あるものにしていない人で、価値あるものにしたならば、私の人生により多くを創り出すだろう人は誰だろうか？

Who am I not making valuable in my life that if I made them valuable would create more in my life?

_____

_____

_____

_____

_____

第6章

富と財産
Wealth and Fortune

　私が知っている女性の曾祖父は、1800年代後半にアイルランドからアメリカへ渡ってきました。彼はテキサスに行って問いかけました。「どうしたら土地を持てるだろう？」

　彼は言いました。「私は鞍を作ることができる。それなら才能がある」そして彼は鞍を作り、当時とても安かった土地の区画と交換しました。土地はたくさんありました。広大なテキサスでしたから。最終的に彼は8万エーカーを超える土地を手にしました。

　財産を創るとは何が可能かを見る能力、それから「よし、私はこれをやるぞ」と言うことです。この男性は財産を創るために自分の技能を使いました。彼は財産に**なる**ことを厭いませんでした。

　財産に**なる**とは、人生に現れるものは何でも、より素晴らしい何かを創造するために使えるものだと認識することです。だから彼は鞍を作って土地に換えました。そこから彼は鞍を牛に換えました。そこからさらにもっと多くの牛を買い、財産を創造し続けました。彼は他の人々には見えない、可能性のためのスペースを創造したのです。

　当時のアメリカにはたくさんのアイルランド人が名声と財産を求めてやって来て、その多くがそれを見つけました。名声と財産を探し求めなければ、自分の名声と財産を見つけることはできません。

　あなたは財産を持った人になることを厭いませんか？　それとも、自分のお金のために懸命に働かなくてはならない人にしかなりたくないでしょうか？

　　　あなたのお金のために懸命に働くことの何をそんなに必要不可欠なものにして、財
　　　産（fortune）を持つことよりも不運（unfortunate）であることに自分を留めています
　　　か？　それら全て掛ける不可説不可説転を破壊してアンクリエイトしますか？　Right and
　　　Wrong, Good and Bad, POD and POC, All 9, Shorts, Boys and Beyonds.

　私たちは昨今、幸運な（fortunate）人々はただラッキーなだけだというものの見方を持っています。私たちは運を司る神が彼らの面倒を見ているように思っていますが、本当は財産を持つことを厭わない人たちが、他の人々がなること、することを厭わないものよりも素晴らしい何かになり、素晴らしい何かをするのです。

財産があったら、あなたには何ができますか？

あなたは財産を望みますか？　財産があったら、あなたはそれで何をしますか？　今、ここテキサスでの宝くじの当選金は4億5000万ドルです。私は言いました。「4億5000万ドル！　それで何ができるだろう？」

大半の人が持っているものの見方では、宝くじに当選するとは「もう働かなくても良くなる、これをしなくて良いし、あれもしなくて良くなる」という意味です。彼らはしなくて良くなることしか見ていません。財産を持っていたら自分に何が**できる**のかということに目を向けません。

もし財産があったら、今のあなたがしていない、どんなことができるでしょうか？　それら全て掛ける不可説不可説転を破壊してアンクリエイトしますか？　Right and Wrong, Good and Bad, POD and POC, All 9, Shorts, Boys and Beyonds.

財産を創っている人々は「これで私に何が創造できる？」というものの見方から見ています。彼らがなろうとするものに制限はありません。財産を持つのなら、財産を創造するために求められるどんなものにもなることを厭わないあなたでいなくてはなりません。自分がなれる最高の鞍職人になろうとしていた鞍職人のように。私はぜひとも彼の鞍を見つけたいと思っています。彼のエナジーを感じるだけで楽しいだろうから！

決して待たないで、いつでも創造して

私は財産が届くまで「待ち」の姿勢になっていた女性と話をしました。彼女は言いました。「この2年間、政府関連のプロジェクトに携わっていて、それは将来、私に財産を創り出すものです。4か月前に書類にサインがされましたが、正式発表がされるまで私は1銭も受け取れず、発表もまだありません」

私は言いました。「あなたは先方に電話して言わなくてはなりません。『これをやってくれて感謝しています。でもあなた方は支払いも発表もしていません。私は他の仕事に移りますが、契約はそのままにしておきます』と」

彼女は言いました。「ええ、これまで何人かに電話しましたが、皆『発表まで待つ必要がある』の一点張りです。この発表は私にとって財産に等しいものです」

私は尋ねました。「なぜ外に出て創造せずに、自分の人生を待機モードにしているの？　決して待たないで、いつでも創造して。私は成果が出るまで誰かや何かを待ったりしません。外に出て創造するから成果が出るのです。必要なら次のプロジェクトを始めなさい。お金を創造し得るどんなことを他に見つけられますか？　誰かが発表をするまでそこで待っていること？　冗談でしょう、彼らは発表をする

かもしれないけれど、あなたはそこに座って２年も経てば死ぬほど飢えて、お金を稼ぐ前に死んでしまうでしょう」

彼女はわかっていませんでした。「でもこれは私にとって財産と同じなのです…」と言い続けました。

私は言いました。「あなたは『このプロジェクトが私の財産の源だ』と言っています。そうではありません。**このプロジェクト**は財産の源ではありません。**あなた**があなたの財産の源です！」

決して待たないで。いつだって創造し続けて。一つのものに頼って財産が来るのを期待することはできません。財産は決して一つの源からやって来ません。財産はユニバースと、財産を創造するあなたの意欲からやって来ます。一つのことに全てを賭けてはいけません。財産がやって来る場所が一つしかないと思い込まないで。財産は、あなた個人が創造できる力を持っていることからやって来ます。あなたに財産の源を一つ創れる力があるのであれば、他にどれだけたくさんの財産の源を避けていますか？

　　今のあなたが持っている制限された経済的現実を創り出すために、どれだけたくさんの
　　財産の源を避けていますか？　それら全て掛ける不可説不可説転を破壊してアンクリエ
　　イトしますか？　Right and Wrong, Good and Bad, POD and POC, All 9, Shorts, Boys and
　　Beyonds.

ヒューマノイドであるあなたには財産を見る能力があります。あなたには財産がドアを軽くノックしているのを聞く能力がありますが、あなたは自ら耳をふさいでいます。

　　財産の軽いノック音が聞こえないよう自ら耳をふさぐためにしてきたことの全てを破壊
　　してアンクリエイトしますか？　Right and Wrong, Good and Bad, POD and POC, All 9,
　　Shorts, Boys and Beyonds.

試練を選ぶこと vs 最も簡単なこと

アンティークが私のところにやって来るという話を私は幾度となくしています。アンティークを買う機会があると、それを見て「はい」、「いいえ」、「はい」と言います。これは私にとっていくらかのお金を稼ぐ機会の一つです。

人々にこの話をすると、彼らは「はい、でも…」と言います。なぜあなたの「**はい**」に「**でも**」がくっついているのでしょうか？　あなたが進んで全てのドアを開き、使える可能性を何でも選ぼうとしていなければ、あなたが創り出しているのは**持つことのできる**場所ではなく**持つことのできない**場所です。

　　それら全て掛ける不可説不可説転を破壊してアンクリエイトしますか？　Right and

Wrong, Good and Bad, POD and POC, All 9, Shorts, Boys and Beyonds.

　ある人がこんなことを言いました。「人生で、物事がとても簡単にやって来たのに試練を選んだ時がありました。試練になる仕事、離婚して以来試練になった夫。試練、試練、試練でした。そうした選択の何が間違っていたかを見るのは簡単です。試練を創造する能力を、富を創造するために活用するにはどうしたら良いですか？」

　私は言いました。「明らかにあなたは財産よりも試練を手にするでしょう。手に入れるのが簡単なのはどちらですか？　試練？　それとも財産？」

　あなたは試練のおかげで自分が懸命に働いていると思っています。しかし、それはただ、お金のために懸命に働くというだけのことです。財産を持つこととは違います。鞍職人にとって最も簡単なことは鞍を作ることでした。彼にとっては朝飯前です。

　　あなたのお金のために懸命に働くことの何をそんなに必要不可欠なものにして、財産を
　　持った人ではなく不運な人のままでい続けていますか？　それら全て掛ける不可説不可説
　　転を破壊してアンクリエイトしますか？　Right and Wrong, Good and Bad, POD and POC,
　　All 9, Shorts, Boys and Beyonds.

　　どんなエナジー、スペース、コンシャスネスになれば、全ての永遠において、財産を創る
　　ために最も簡単な方法を選ぶことが可能になるでしょうか？　それら全て掛ける不可説不
　　可説転を破壊してアンクリエイトしますか？　Right and Wrong, Good and Bad, POD and
　　POC, All 9, Shorts, Boys and Beyonds.

　子どもの頃のあなたにとって、自分が財産だと思うものを手に入れるのは簡単でしたか？　子どもの頃に 100 ドルを手にしたら、あなたは財産を手に入れたと思ったことでしょう —— 子どもにとって 100 ドルは**財産**です。

　　あなたにとって朝飯前のことで、財産を創造するために使おうとしないことは何です
　　か？　それら全て掛ける不可説不可説転を破壊してアンクリエイトしますか？　Right and
　　Wrong, Good and Bad, POD and POC, All 9, Shorts, Boys and Beyonds.

　ある友人がこんなことを言いました。「私はクッキーを作るのが大好きで、おいしいクッキーを焼きます。でも 20 年に渡ってメンタルヘルスや鬱に取り組んできたので、クッキー作りはメンタルヘルスに関わる仕事よりも下だとジャッジしています」

　私は言いました。「一枚のクッキーが誰かのユニバースを変えることは絶対にないと神は知っている —— それとも変えるでしょうか？」私は数年前にサンタバーバラで不動産の仕事をしていた時、ある

愉快な女性と知り合いました。名前をデビーといって、オープンハウスの時にさまざまな種類のクッキーやお菓子を焼いていました。彼女のデザートは本当においしかったので、他の不動産業者が「私のオープンハウスの時にもクッキーを作ってくれませんか？　お代は喜んでお支払いします」と頼むほどでした。半年後、彼女は不動産業界を離れ、自身のビジネス「デビーズ・ディライト」を立ち上げました。今では年商5000万ドルを超えるベーカリーの卸となっています。クッキー作りが他のことよりも下だというジャッジメントは財産を創るのを避ける方法です。

クッキー作りをしたいという女性に私は尋ねました。「あなたは人生の甘いお菓子を食べたくはないですか？」

彼女は言いました。「そんなに物事が簡単だと罪悪感を持ってしまいます」

私は言いました。「貧困を生き残るために自分の素晴らしさを証明しようとして持っている、その貧困ラインを断念しなさい！　私からあなたへの挑戦です」

あなたが財産とともに生きるように、財産を持つことの試練を乗り越えるように、私はあなたに挑戦します。わき上がってきたもの全て掛ける不可説不可説転を破壊してアンクリエイトしますか？　Right and Wrong, Good and Bad, POD and POC, All 9, Shorts, Boys and Beyonds.

財産があなたを見つける ── あなたが持とうとするのなら

ある人が私に尋ねました。「財産を創造することと財産を見つけることの違いは何ですか？」

私は言いました。「あなたは財産を**見つけ**はしません。あなたは財産を**創る**のです。財産があなたを見つけます ── あなたが持とうとするのなら。私は財産を持つことを厭いませんが、財産を持つためには言い訳が必要だと考える人もいます。あなたが財産を持つことを厭わなければ、品物があなたを見つけるようになります」一つの例は、私が無料か、ごくわずかなお金で手に入れたアンティークは全て、後に巨額の価値を持つものになりました。私のところにアンティークがやって来るのと同じような形で、不動産がやって来た男性もいます。アンティークでも不動産でも何であっても、あなたにはそれに関する気づきと情報があります。そして、そうしたものがあなたを見つけるのです。

私はアンティークについて学び、アンティークに問いかけます。「あなたには私が支払う金額よりも大きな価値がある？」最初のうちは何も情報を持っていませんでした。私はきれいなものばかりを見ていました。あなたは他の人たちとは異なる方角から物事を見なくてはなりません。私は最近、サンタバーバラで中国からの品物のコレクションがセールになっているのを見つけました。その見た目は素晴らしく、気に入りました。私は問いかけました。「あなたには私が支払う金額よりも大きな価値がある？」

それが「はい」と答えたので、私は買いました。その後、そのうち一つの品物が、私がセット全体に対して払った金額と同じ価値であることがわかりました。私には先にそれがわかっていたのでしょうか？いいえ。私はそれを見つけ出したのでしょうか？　はい。私は自分よりもよく知っている人のところへ行き、彼らが知っていることを見つけ出すのを厭いません。

　私は不動産の仕事もしたことがあるので、それについても少しの知識があります。不動産でお金を稼ぐ方法は全て見てきました。人のために不動産でお金を儲けたこともあります。私は人のための財産は創ってきましたが、自分のための財産は創ったことがありませんでした。なぜか？　当時の私は財産を持った人になろうとしていなかったのです。あなたは財産を求め、財産を持つことを厭わない自分にならなくてはなりません。そしてなぜ自分に財産が必要なのか、あらゆる理由で正当化することによって財産を持つように、自分自身をだますことも厭わないことです。

　財産は誰もが「欲しい」と言うと同時にけなすものです。それは皆が欲しがるもの、つまり皆が欠乏しているものですが、人々は財産を持つに至るまでに求められることを何でもしようとしません。そこにたどり着くために 100 個の鞍を作らなくてはならなかったとしたら、あなたはそれをやりますか？

問い 1：今日どのように自分をだまして、今すぐ財産を創る物事を自分にさせられるだろう？
What can I trick myself into doing today that will make me a fortune right away?

_____

_____

_____

_____

_____

あなたの現実の競争力を刺激する

　ある女性からパートナーについての質問を受けました。彼は財産を創っているものの、自分でそれを認めようとせず、自分の価値を知ろうとしないと彼女は言いました。

　私は彼女にある問いを与えました：「彼の競争力を毎日刺激するために、私にできることは何だろう？」

　彼女は言いました。「私はその問いかけはしませんでしたが、実際にはそれと同じことをずっとやっていたと思います。彼に優しいやり方ではない時もあります。彼をひたすら煽るだけの時も」

　私は言いました。「より多くを創造するために煽られなくてはならない人もいます。あなたは煽るこ

とを厭わずにいなくてはなりません」

問い2：私自身の現実の競争力を今すぐ刺激するために今日、何ができる？
What can I do today to stimulate the competitive edge of my own reality right away?

_____

_____

_____

_____

_____

　あなたの**ビジネス**を刺激するのではありません。**あなた**を刺激するのです。あなたを打ち負かせる唯一の人はあなたです。私は他の誰も打ち負かすことなどできません。私が打ち負かせるのは私だけです。なぜなら、私は私が持っている全てのツールを持っている唯一の人だから。私は私が持っている全てを持っている唯一の人です。私は自分が完全な自信を持っていないところを知っている唯一の人です。

　あなたはいつも、他の人たちが富や財産、お金と知覚するものよりも少ないものに落ち着いていますか？　それはあなたが競争を嫌っているからです。あなたは競争を避けようとしているために、最高のものを持つことを自分に許しません。あなたが嫌うものは、あなたが創造するものになります。競争を嫌えば競争を創り出します。それはあなたに持てる豊かさを受け取ることからあなたを遠ざけるキラーとなります。

　私はベストを手にして、他の人たちもその人自身の選択によってより良いものを手に入れるように強く要求しています。人々が私の家に来て「あなたに感化されて、人生にもっと多くを創造しようと思いました」と言う瞬間が私は大好きです。

　あなたがベストを選ぶ時、トップのさらに上になることを選ぶ時、人生に望むことを何でも手にすることを選ぶ時、あなたは人々を刺激して、彼らはあなたが持っているものを自分も持てると信じるようになります。ただし、彼らはあなたと競争して、あなたが持っているものを手に入れたがるだろうことにも、あなたは気がつかなくてはなりません。

問い3：私が財産を創ることに完全な自信と能力を持っていたとしたら、私は今日、何を選ぶだろう？
If I was totally confident and capable of creating a fortune, what would I choose today?

_____

_____

_____

_____

_____

創造の結果を受け取る

　私たちは自信よりも苦悩を選びます。自信とは何でしょう？「もちろん、私にはそれができるよ」というものです。あなたは自分には自信がないという考えを持っているので、何度も何度も苦悩する選択をしてきました。自信があったら苦しむことはないでしょう。もちろん、あなたが苦悩を好むなら話は別です。あなたはどちらが好きですか？ —— 自信、それとも苦悩？

　かつて私が不動産業者として苦悩し、自分よりも他人のために財産を創っていた時、私は正直に自分の状況を見つめました。私は容赦なく自分に正直になりました。あなたは容赦なく自分に正直にならなくてはなりません。私は言いました。「これは狂気の沙汰だ。私はこの取引でクライアントのために40万ドルを創った —— そして自分のために創ったのは1万ドルだ。どうしてこうなった？　彼は取引するためのお金を持っていたから40万ドルを稼ぐことができて、私は能力があったから1万ドルを稼いだ。馬鹿馬鹿しい。どうしたらこれを変えられる？　私が40万ドルを創り出す人になるようにこれを変化させる、今までとは違う何になり、何をすることができる？」

　容赦なく正直であることは、何がうまく機能するのかを知ることです。自分がそうあって欲しいものを見るのではなく、それが何かを見ることです。多くの人は、容赦のない正直さを持って自分の現状を見つめようとしません。あなたが口にするのは「自信がないからできないよ」か、それと似たような言葉です。

　あなたの人生を見てください。あなたが知っていること、あなたがしたこと、またはあなたのあり方によって、人のために山のようなお金を創り出したところが必ずいくつかあるはずです。それはその人たちが源だということでしょうか？　それともあなたが源なのでしょうか？

　あなたは進んで源になろうとしなくてはなりません。進んで創造の源になり、進んで創造の結果を受け取る人になろうとしなくてはなりません。源であることに伴ってやって来る財産を受け取ることを厭いませんか？

創造の結果を受け取る人にはなれないとあなたが決めてきたところ全てを破壊してアンクリエイトしますか？ Right and Wrong, Good and Bad, POD and POC, All 9, Shorts, Boys and Beyonds.

ほとんどの人は源になって、自分が創造したものの結果を受け取ることをしたがりませんが、何かを創造するために自分や他人と競争します。**それ**が、彼らが受け取るものです。

それ以外の人々は競争を拒否します。競争しなくてはならない局面になると興味を失います。ある男性が私に尋ねました。「わざわざ競争に向かって自分を刺激する理由なんてあるのでしょうか？」

私は言いました。「あなたが嫌うものは、あなたが創造するものだからです。そこはあなたが受け取ること、なること、達成することができない場所です」

これもまた、容赦なく正直であることの一部です。あなたが「これが嫌いだ」と思った時、正直であれば「ああ、私はこれを嫌っている」と認識するでしょう。そして問いかけます。「これは私の利益のためにどう機能するだろう？」

あなたが嫌うものもまた、創造の源です

1950 年代、私がまだ子どもだった時、私の母はさまざまな色のアルミ製のコップを持っていました。そのコップは割れないから良いと母は考えていました。私はそのコップを醜いと思っていました。私は嫌いでした。

最近、私はそのコップが 1 個 10 ドルもの値で売られているのを目にして「なぜこんなひどいものに 10 ドルも払う人がいるのだろう？」と思いました。でも、もし私がガレージセールで、そのコップが 1 個 25 セントで 6 個売られているのを見たとしたら、全部を買って、1 個 1 ドルで誰かに売ったでしょう。それでいくらかのお金を創ります。そのコップを美しいとか、かっこいい、レトロだと思う人たちもいるので、お金を創り出すことができます。あなたが嫌うものもまた、創造の源であるということです。

誰かと一緒に創造すること

デインと私がどのように一緒に仕事をし、アクセスがもっともっと素晴らしいものになるように創造し続けることができるのか、質問を受けることがあります。私たちは一緒だと、個人で別々にできるよりも多くを創造します。

もし誰かと一緒に創造しようとするのなら、a) 私はどのように相手を超えて創造できる？ b) 私た

ちが一緒にいる時、別々の時よりもより多くになっている？　というものの見方から創造することを選んでください。あなたは相手を超えて創造することを厭わずにいなくてはなりませんし、彼らもあなたを超えて創造することを厭わずにいなくてはなりません。それが彼らの競争力であり、そうすればあなたたち２人はいつでも馬跳びをしているみたいになるのです。

　この世界の99％の人々は他の誰かと一緒に創造することを望みません。あなたは、誰かが自分と一緒に創造したがっていると思い、彼らが自分と一緒に創造していると思い込んでいるかもしれません。でも、そうでしょうか？　あなたは「この人が本当に創造したいものは何？」とか「それは私が創造したいものと同じだろうか？」と問いかけません。人々が実際に進んで創造しようとしているものが何かを見なくてはなりません。「相手がこうしたがっている」とあなたが**思う**ところから創造しようとしないように。彼らが真に何を欲しているかを見て、そこから創造しなくてはなりません。

　相手が「私たちの王国[3]」から創造したがっていると思い込まないでください。なぜなら彼らは口ではそうしたいと言うからです。私は人が言うことを決して信じません。人々の口から出ること全てに問いかけます。なぜなら99％の人は毎日、自分に嘘をついていて、他人に対しては１日のうち88％の時間は嘘をついているからです。どんな人でもその口から真実が出てくるチャンスは12％しかありません。誰かが口を開けば、その人はおそらく嘘をついています。

　人が嘘をついているのか真実を言っているのか見極める唯一の方法は、その人が生み出しているものを見ることです。その人がしていることは、言っていることと創造していることとの差を決定づけます。常に人がしていることに注意を向けてください —— 決して彼らの言うことに気を取られないで。

　私たちには見ていないものがあるので、ここで皆が容赦のない正直さを多少なりとも使うことができます。

---

3. 私たちの王国から選ぶとは、自分の**ために**選ぶことでも、他人に**反して**選ぶことでもありません。自分のために選んで他人を排除することでもありません。あなたは自分**と**、他の全員のために選びます。あなたは自分自身の可能性も含めて、あらゆる可能性を広げるものを選びます。あなたがそうする時、周りの人たちは、あなたの選択によって自分の選択が拡大することに気づき、あなたの選択に抵抗するのではなく、貢献するようになります。。

問い 4：今日、自分に容赦なく正直にならず、自分に嘘をついて財産や運から自分を引き離しているところはどこだろう？

Where am I not being bluntly honest with myself and lying myself out of a fortune today?

_____

_____

_____

_____

_____

問い 5：私が創造するものによって、他人が受け取るのと同じか、それ以上を私自身が受け取れるようにするために、私はこれまでと違う何になり、何をしなければならないだろう？

What would I have to be or do different so that I can receive as much or more than someone else can by what I create?

_____

_____

_____

_____

_____

　あなたは財産を創造したいですか？　この章の全ての問いに答えてください ── そして１週間か２週間後にまた戻ってきて、再び答えてください。自分にとって何が真実なのか、気づくようになるために。

ワークブックの問い　第6章

問い1：今日どのように自分をだまして、今すぐ財産を創る物事を自分にさせられるだろう?

What can I trick myself into doing today that will make me a fortune right away?

_____

_____

_____

_____

_____

問い2：私自身の現実の競争力を今すぐ刺激するために今日、何ができる?

What can I do today to stimulate the competitive edge of my own reality right away?

_____

_____

_____

_____

_____

問い3：私が財産を創ることに完全な自信と能力を持っていたとしたら、私は今日、何を選ぶだろう?

If I was totally confident and capable of creating a fortune, what would I choose today?

_____

_____

_____

_____

_____

問い4：今日、自分に容赦なく正直にならず、自分に嘘をついて財産や運から自分を引き離しているところはどこだろう?

Where am I not being bluntly honest with myself and lying myself out of a fortune today?

問い5：私が創造するものによって、他人が受け取るのと同じか、それ以上を私自身が受け取れるようにするために、私はこれまでと違う何になり、何をしなければならないだろう?

What would I have to be or do different so that I can receive as much or more than someone else can by what I create?

第7章

生きることへの熱意

Enthusiasm for Living

デインと私は最近、私たちが雇って一緒に仕事をしているファイナンシャル・アドバイザーと興味深い話をしました。彼はお金についてとても分別のある人で、こう言いました。「税金に関してあなたがする必要のあることに気がつきました。それはわかったのですが、あなたの未来の収入の創造に関して何が起きるのか、その気づきと話をすることができません」そこから彼との会話が始まりました。

彼は言いました。「未来の収入の可能性に熱意を抱いている人はほとんどいません。自分が創造できるお金に対してあなたが持っている熱意は、私がこれまで見てきた全てを超えています」

私たちにとっての関心事は常により大きな可能性です。デインと私はいつも「他に何が？　他に何が？」と問いかけています。あなたはより大きな可能性を探さなくてはなりません。常にです。こう問いかける必要があります：「私が持ちたい未来のお金の現実を創造するために、人生でどんな熱意になる必要がある？」

創造の喜び、選択の喜び、可能性の喜び

熱中している時、人は自分を止めるものよりも、うまく機能するものを探します。大半の人はこれをしません。彼らは自分の問題への解決策を探す傾向にあり、「何がこれを解決する？」と問いかけます。彼らは自分を止めるものがなくなったら創造できるようになると考えますが、創造の喜び、選択の喜び、可能性の喜びへの熱意に欠けています。それらが人生において熱意を創造するものです —— 喜び、選択、可能性。

「他に何が？」という問いかけは可能性を創造する形式、構造、重要性です。「他に何が？」は「何がこの問題を解決する？」よりも素晴らしく、もっと熱意に満ちた現実に目を向けるものです。これら3つの要素、喜び、選択、可能性はあなたに熱意をもたらすもの、つまりあなたのパーティーにお金を招き入れるためにあなたが必要とする素質を創り出します。

問い1：私にとって完全に異なる現実を創造するために、どんな熱意になれるだろう？
What enthusiasm can I be to create a totally different reality for me?

_____

_____

_____

_____

_____

熱意はワクワク感ではありません

　熱意とワクワク感は同じものではありません。熱意はその瞬間を楽しむことで、どんな投影や期待でもありません。熱意は、物事が結果としてこうなる**べきだ**、こうなる**だろう**、こうなるに**違いない**といった投影や期待ではありません。熱意は前に向かうあらゆる形の動きを創り出します。「これがこの先どうなるのか、知りたくてたまらない！」というものです。熱意はあなたに何かを完遂することを求めません。進行形の可能性の探求、可能性の経験です。「それは、それ自体の内部から出てきて、あなたの人生へと自然に溶け込む光の玉だ」とデインが言うように、それはヒューマノイドの特性です。

　　ヒューマノイドの熱意のための生まれつきの能力を抑圧するためにどれだけのエナジー
　　を使ってきましたか？　それら全て掛ける不可説不可説転を破壊してアンクリエイトしま
　　すか？　Right and Wrong, Good and Bad, POD and POC, All 9, Shorts, Boys and Beyonds.

　熱意は夢中になるポジションにあることです。多くの人は**熱意**よりも**ワクワク感**へ向かいます。「とてもワクワクしている！」と彼らは言います。ワクワク感とは**外にいる**ことで、**中にいる**ことではありません。ワクワク感は投影と期待の産物です。あなたは実際に何が可能かを見るよりも、何が何を創り出すのかを投影し期待します。どんな投影や期待も、「おお、これは**すごく**良いことになる！」と言うことも、物事が**とても**悪くなることを約束します。

　ワクワク感は、自分がずっと求めてきたものだとあなたが思う投影や期待です。ワクワク感がすることは何でしょうか？　可能性を機会へと変えることです。それはあなたが欲しいものではありません。機会は、可能性がドアを開く直前に現れます —— そしてあなたを足止めして前進させないようにします。可能であることについての自分の投影と期待に伴う過剰なワクワク感によって、あなたは不意打ちを食らいます。なぜなら投影は盲点を創り出すからです。

他に何が可能？

私はここテキサスで牧場を買う可能性を見つめてきました。私はカリフォルニアでたくさんの馬を所有していますが、馬たちをそこに置いておくのは莫大な費用がかかるためです。デインと私は土地を見に行きました。私は「未開拓の土地を買って、そこに何かを建てるのも良いね」と言いました。私たちは出かけて、未開拓の土地を見て、私はまた言いました。「わあ、ここにいる人たちは不毛の、ひどい土地を売っている。彼らが売っているのは自分が住み続けたいと思わない土地だ。そこに何の価値もないと決めたのだ」

彼らは馬を飼いながら、間引きと呼ばれるものから機能するような人たちです。間引きとは不良品と思うものを取り除くことです。却下、拒絶することを基にして選んでいます。それはあなたが可能性を創造するところではありません。あなたは創造の源として拒絶をしたことがありますか？

これまで、創造の源として拒絶をしてきたところ全てを破壊してアンクリエイトしますか？ Right and Wrong, Good and Bad, POD and POC, All 9, Shorts, Boys and Beyonds.

デインと私はさまざまな土地を見ながら、「ここで他に何が可能？」と問いかけていました。あなたは何かを手に取って、変えると決めたどんなものにでも変えることができます。あらゆる瞬間に、自分に何が使えるのかを進んで見ようとしなくてはなりません。それが熱意の感覚を創り出すのです。

私たちはある土地を見て、オファーを出しました。私は言いました。「ああ！　私たちには納めなくてはならない税金がたくさんある。どうしたら良いだろう？」その後、ある人からこう言われました。「あなたの馬をテキサスに移動させれば、月に 6000 ドルから 8000 ドルを節約できます。支出を減らせるので収入と純資産を増やすことになります。そうしてみたらどうでしょうか？」

私は言いました。「ああ！　私は税金の心配をしていた。この可能性に目を向けなくてはならない。IRS（訳注・アメリカの国税当局）は牧場を没収するだろうか？　いいや、彼らはそんなことはしない。彼らは私に腹を立てるだろうか？　構うものか」

あなたの選択に基づいて何が創造されるか、誰にわかるでしょう？　全ての選択が何かを創造することに目を向けなくてはなりません。それは「この選択の結果として何が起きる？」ということであって、「私はこれをする必要がある、なぜなら…」ではありません。あなたが「なぜなら」と口にする時はいつも、可能性を見ることを拒んでいます。あなたは機会の中に留まっています。

皆さんの多くは自分が創造しようとしているものに夢中になっていません。あなたは言います。「ああどうしよう、これはうまく行くのかな？　ああどうしよう、あれはうまく行くのかな？」あなたは「わあ、これってすごい。他に何が可能だろう？」と言うよりも「ああどうしよう」をたくさん繰り返しています。

夢中でいることの鍵は、必要を持たないことです。必要を持たなければ、人生に現れ、より多くを創造し得る全てのものに熱意を持つことができます。必要に駆られていれば、可能性よりも解決策としてのお金を常に探し続けます。必要を持たなければ、あなたには選択があります。必要があれば、その必要を満たすかどうかという基準で選ばなくてはなりません。必要を持たないことはずっと楽しいものです。あなたには選択があるからです。

問いかけになることは熱意と可能性を生み出します

　問いかけになることは熱意を生み出すものの一部です。問いかけはあらゆるものへのドアを開くので、あなたの選択によって何が可能かがわかるようになるでしょう。問いかけの感覚を持っていれば、選択をするたびに何が創造されようとしているのかが見えるようになります。しかし、あなたが「正しくしなければ」と考えていれば、自分が正しくできたのか、間違えたのかを見定めるための選択をします。それは創造の喜びとは全く関係がなく、熱意やあなたが選ぶべき全てのこととも関係がありません。

　期待を持つことや、たった一つの結果だけを探し求めることは死のトラップです。あなたは人生を創造する物事 —— 熱意、創造、可能性、選択の喜びを殺します。

　　あなたが決めつけたことで、選択の喜び、熱意の喜び、生きることの喜び、可能性の喜びを追い出せるようにするもの全てと、それらを追い出すものを選ぶためにしてきたことの全て、それを自分の現実として手にするために持たなくてはならないと決めたもの全てを撤廃し、撤回し、無効にし、回収し、弾劾し、放棄し、破壊してアンクリエイトしますか？ Right and Wrong, Good and Bad, POD and POC, All 9, Shorts, Boys and Beyonds.

問い2:人生は熱意に満ちたものではなく、惨めなものでなくてはならないと、どこで鵜呑みにしただろう？
Where have I bought that my life has to be miserable instead of enthusiastic?

_____

_____

_____

_____

あなたにコミットする

　自分にコミットできずに行き詰まっているという男性と話をしました。彼は言いました。「私は自分の気を散らすものを人生に創り出すことが得意なのです。何かをしようと席に着いても、それをしなくて良いように気を散らすものや言い訳を創ってしまいます。やり始めても終わらせることができません」

　私は言いました。「あなたは実はとてもコミットしています。言い訳を創ることと、絶対に何も成し遂げないことにコミットしているのです」

　彼は言いました。「それを変えたいです」

　私は言いました。「あなたには無理です」

　彼は聞き返しました。「私には無理だって？」

　私は言いました。「あなたはやらないでしょう」

　彼は言いました。「やりたいと思っています」

　私は言いました。「それは素敵だね。あなたはやらないよ」

　彼は言いました。「やりますよ」

　私は尋ねました。「ああそう？　本当に？」

　彼は言いました。「はい」

　私は尋ねました。「聖書に誓う？　ブッダの教えに誓うことができますか？」

　彼は自信がなさそうに笑って言いました。「**はい**とは言えないです」

「何が求められようとも」

　私は言いました。「あなたは成功よりも失敗にコミットしています。自分を前進させることよりも足止めすることにコミットしています。本当にこれを変えたいのなら、『何が求められようとも、誰を失おうとも、何が起きようとも、私はこれを変える。もう十分だ。これは狂気の沙汰だ』と自分に強く要求しなくてはなりません」

「何かをするために席に着いて、言い訳をしている時は毎回こう言って：『もう十分だ、これ以上言い訳はしない。私の言い訳は全部どこかへ消えた。今、私はこれを最後まで終わらせる』そして自分にそうさせなさい」

「これをうまく機能させたいのなら、自分にそうさせる選択をしなくてはなりません。それが、あなたがしなくてはならない選択です。あなたにやりたくないことをさせられる人は世界にただ1人、**あなただけ**です。あなたは**する**ことを望むよりも**しない**ことを遥かに強く望んでいます。利口ですね？『私はこれを変える』と言ったら、何が何でも変えるのです！」

「あなたは他のことにはほとんど何にでもコミットすることを厭いませんが、**あなた**にコミットしようとしません。あなたは全く行き詰まってなどいません。自ら立ち往生しているのです。ただ、何をするにも全力で拒否しているのです。あなたはリフューズニクです」

リフューズニクとは、旧ソビエト連邦で亡命申請を拒否された人、特にユダヤ人でイスラエルへ移住することができなかった人のことです。また、命令や法律に従うことを拒否する人、特に抗議者としてそれを拒否する人のことを指します。道徳的信条からシステムに順応せず、法律に従わない人のことです。

もしなったなら、あなたの経済的現実をすっかり変えるだろう、あなたがなれるのに、なることを拒否しているものは何ですか？　それら全て掛ける不可説不可説転を破壊してアンクリエイトしますか？　Right and Wrong, Good and Bad, POD and POC, All 9, Shorts, Boys and Beyonds.

どうかこれを見てください。あなたを行き詰まらせることのできる人が1人だけいます。**あなたです！**他の誰も、あなたを立ち往生させることなどできません。そんなパワーを持っているのはあなた以外にいません。なぜそんなパワーが、創造のパワーや受け取ること、そして熱意よりもあなたにとって重要なのでしょうか？　あなたは行き詰まることで、人生への熱意を持てないようにしているようです。あなたは自分の人生における全てを進んで変えようとする意欲を持っていません。

もし失ったなら、あり余るお金を持つことが可能になるだろう、誰、または何を失うことを拒否していますか？　それら全て掛ける不可説不可説転を破壊してアンクリエイトしますか？　Right and Wrong, Good and Bad, POD and POC, All 9, Shorts, Boys and Beyonds.

問い3：自分を今日、リフューズニクにするために私がしてきたことは何だろう？
What have I done to make myself a refusenik today?

_____

_____

_____

_____

_____

人生には異なる可能性があります

人生には異なる可能性があることをわからなくてはなりません。数年前、内装関連のビジネスをしていた頃、私はある女性の家に行きました。彼女は家全体を改装したがっていました。彼女は言いました。「私は家をデザインし直しているの。私は92歳で、もしかしたら完成させることはできないかもしれないけれど、これをしている間は良い時間を過ごしたいと思っているのよ」

私は「おお！」と思って尋ねました。「最近は何をしているのですか？」

彼女は言いました。「そうね、朝5時に起きて、1時間読書をするの。その後外に出て、庭師と一緒に2時間ほど庭仕事をし、それから家の中でしばらく瞑想をして、また外に出て全てを見て回るのよ。私は自然が与えてくれるものに本当に感謝しているわ。それから服を着替えて友達を迎えに行くの——皆、年を取っていて運転はもうしないから——そして一緒にランチを食べるのよ」彼女は92歳で、車で友達を送り迎えしていました。人生と、生きることへの彼女の熱意は抜きん出ていました！

ある人が私に言いました。「熱意はありますが、壊れた蛇口からぽたぽた漏れているような感じなのです。どうしたら、これを熱意の滝にすることができますか？」

私は言いました。「問いかけ続けてください：『どんなエナジー、スペース、コンシャスネスであれば、完全な安らぎとともに私の人生にもっと多くの流れを加えることができる？』」

皆さんの多くは、人生に夢中になるよりも人生に苦しみます。あなたは自分の人生にコミットしなければなりません。熱意とは、あなたが自分の人生にコミットしている時のことです。あなたはその選択から熱意を生み出します。自分がコミットしていない人生と、生きることへの熱意を同時に持つことはできません。

「お金になる方法」アドバンスクラスの参加者が私に言いました。「あなたがいつも、自分の人生に起

きること —— 悪いことでさえも —— を有効に使っているのを見てきました。あなたのそんなあり方を目の当たりにして、私も自分のためにそうし始めました。あなたが自分の選択をジャッジせず、選択に貢献させる時に現れるものには本当に驚かされます。たとえ全てが素晴らしい結果にならなかったとしても」

私は言いました。「全てが素晴らしい結果にならなかったと思わせるものは何ですか？　もしかしたらあなたが知っているよりも素晴らしいのかもしれません。私は何かがうまく行っていないと思う時には必ず、実はうまく行っていたことを見つけて驚かされています」

あなたが問題として見ない限り、あらゆることが可能です。何かを問題と定義した瞬間、あなたはそこから可能性を奪います。何か妙なことが起きている時、誰かに裏切られたりだまされたりして、知らないうちに多額の借金を背負わされているのに気づいた時、あなたはどう対処しますか？　それを問題として見ない限り、あらゆることが可能です。何かを問題と定義した瞬間、そこから可能性を奪います。あなたは何を創造していますか？　経済的な損失？　お金の損失？　人生の損失？　またはその全部とそれ以上のもの？

貧困を創造するための理由と正当化をあなたに探し続けさせる、死を通じた経済的損失の必然性について、何をそんなに必要不可欠で価値があり、リアルなものにしましたか？　それら全て掛ける不可説不可説転を破壊してアンクリエイトしますか？　Right and Wrong, Good and Bad, POD and POC, All 9, Shorts, Boys and Beyonds.

無限の可能性を探す

私はテキサスに住んでいて、ここには油田を所有している人々がいます。私はある時、たくさんの人が自分たちの油田について話をしている場にいて、「数百万ドルを手に入れられる、私の油田はどこにある？」と考えたことがありました。そして私は言いました。「ああ！　もし油田を持とうとすれば、少なくとも掘削できる土地を持たなくてはならない。私にはそれがない」とてもおかしな話です。私は「私のお金はどこ？　私は宝くじに当たりたい」と言うような人になっていました。そうです、宝くじに当選しようとするのなら、実際に宝くじを**買う**可能性を考えなくてはいけません！

お金が欲しいのなら「十分ではないものを創造するのが私は得意だ」と認めなくてはいけません。そしてこう問いかけます：「私が手に負えないほど創造していたらどんな感じだろう？　ここで本当に真実であることは何だろう？　私が本当に欲しいものは何だろう？　私が本当に創造しているものは何だろう？　全てをより素晴らしいものにする、私にとってのアイテムは何だろう？」

「どうしたらこれを正しくできる？」とか「なぜ私は大金を手にしていないの？」ではありません。あなたが解決策として見ているものの話ではありません。お金を十分に持っていないことへの解決策と

して宝くじを見ていたら、あなたが欲しいものを得ることはないでしょう。なぜかって？　あなたは道が一つしかないと決めているからです。夢中でいることの素晴らしさは、あなたにはたくさんの道があり、その一つ一つが異なる軽さの感覚と、異なる可能性のセットを創り出すことです。あなたは一つの道を答えとして見ていません。

ほとんどの人は答えを探します —— 無限の可能性ではなく。無限の可能性を探し始めてください！何が起こり得るのか、そこにあなたがもっと幸せになって、喜び、創造的になり、夢中になれば、あなたが強く望む成功とお金へと続く道がもっと現れます。

私の友人たちはオーストラリアで物件を探していて、ある物件に申し込みをしました。オーナーは条件を受け入れたものの、後になってそれを撤回しました。友人たちは「そんな！　これからどうしよう？」と言いました。

私は言いました。「他を探しなよ。どうしたって言うの？　世界に物件はその一軒だけなのかい？」

彼らは言いました。「でもすごく良かったんだ！」

私は尋ねました。「外へ出て、もっと良い物件が見つかったとしたら？　**もし**君たちに熱意があり、**もし**君たちに創造する意欲と能力があり、**もし**君たちが、他に何を人生に付け加えることができ、どうしたらより多くを創造できるのかを見ることを厭わなければ、ユニバースは君たちの味方で、君たちのためにより多くを創造したがっているんだ。君たちは**問題の解決策**ではなく、**創造**から見るようにしなくてはいけないよ」

最近、ある女性が、問題から抜け出す方法について 10 個の質問を送ってきました。それは全てがこの制限やあの制限についてのことでした。彼女がどれだけ持っていないのかという話で、どれだけ持っているのかという話ではありませんでした。ほとんどの人は問題を超えてどう創造するかではなく、自分の問題からどう抜け出すかに目を向けています。あなたは自分が持っているものを見ていますか？それに感謝していますか？

私は自分の家をアンティークで埋め尽くして、そのように美しいものを人生に持っていることに感謝しながらその間を歩けるようにしています。私は毎日、家の中を歩いてこう言います。「わあ！　これを持っているなんて、私はなんて幸運なのだろう？　こんな生き方ができるなんて。こんな風になれて、こんなものを手にして、こんなことができる、そんな人生を送れるなんて」私は朝起きてこう言います。「私は本当に感謝している。私はどれだけ幸運なのだろう？　こんな人生を持っている私は、どうやってこんなに幸運になれたのだろう？　私は何をしたのだろう？」

私は人々の言う、人生で最高のものをもたらすようなことを何でもやってきたわけではありません。長い間、ドラッグ、セックス、ロックンロールが私の生き方でした。ただ、生きることへの熱意は常に持っていました。あなたは生きることへの熱意を持たなくてはいけません。

　　生きることへの完全な熱意から絶対に生きなくても良いようにするために、生きることへの熱意をどれだけ抑圧していますか？　それら全て掛ける不可説不可説転を破壊してアンクリエイトしますか？　Right and Wrong, Good and Bad, POD and POC, All 9, Shorts, Boys and Beyonds.

　以下の問いをもう一回やってください —— その後さらにもう一回。そして創造の喜び、選択の喜び、可能性の喜びから生きることを選んでください。

ワークブックの問い　第7章

問い1：私にとって完全に異なる現実を創造するために、どんな熱意になれるだろう？
What enthusiasm can I be to create a totally different reality for me?

_____

_____

_____

_____

_____

問い2：人生は熱意に満ちたものではなく、惨めなものでなくてはならないと、どこで鵜呑みにしただろう？
Where have I bought that my life has to be miserable instead of enthusiastic?

_____

_____

_____

_____

_____

問い3：自分を今日、リフューズニクにするために私がしてきたことは何だろう？
What have I done to make myself a refusenik today?

_____

_____

_____

_____

_____

第8章

お金なんて簡単

Money Is Easy

最初の問いです。答えを書き出してください。

問い1：もし人生で、望む全てを持っていたとしたら、私は何にならなくてはならないだろう？
If I was having everything I desire in life, what would I have to be?

_____

_____

_____

_____

真に望むものを手に入れないようにするために、あなたがなることを拒んでいる、真に望むものを手に入れるために、ならなくてはならないものになることの必然性について、何をそんなに必要不可欠で価値があり、リアルなものにしていますか？　これがどんなに馬鹿げたことかわかりますか？　あなたが自分に反して機能していることがわかりますか？　なぜあなたの最大の敵があなたなのでしょうか？　あなたは、自分が望んでいると言うもの全て、欲しいと言うもの全てに対して戦っています。それは良い選択ですか？　悪い選択ですか？　信じられないほどの愚かさ？　それら全て掛ける不可説不可転を破壊してアンクリエイトしますか？　Right and Wrong, Good and Bad, POD and POC, All 9, Shorts, Boys and Beyonds.

問い2：真に望む全てを手に入れられないように、自分を足止めできるだけの賢さを持つ人は私しかいないと、いつ、どこで決めただろう？

Where and when did I decide that I was the only one who was smart enough to stop me from getting everything I truly desire?

_____

_____

_____

_____

_____

真に望む全てを手に入れるだけの賢さを持つ人は私しかいない、だから真に望む全てを手に入れることはしないと、いつ、どこで決めましたか？ それら全て掛ける不可説不可説転を破壊してアンクリエイトしますか？ Right and Wrong, Good and Bad, POD and POC, All 9, Shorts, Boys and Beyonds.

強く要求すること

ここが、あなたが強く要求（デマンド）しなくてはいけないところです：「私は自分が一体何をしているのかわからない。けれども真に望むものを手に入れていないことは明らかだ。だから、これを変えるために何が求められようとも、私はこれを変える」あなたはこのような要求をしなくてはなりません。

あなたはまた、自分の人生に他の人々を創造してきたことも認めなくてはなりません。本当にたくさんのことができて、あなたが創造したいと願うことについてあなたを助けてくれる人たちです。今日、私は友人と話をしました。彼女の父は、カウボーイたちに外で仕事をさせようとせず、950頭もの牛を完全に野に放してしまいました。彼女は「どうしたらあの牛たちを集められるか私にはわからない」と言いました。

私は「コンシャス・ホース、コンシャス・ライダー」のクラスで出会ったある子どもに電話をし「牛を集められる人を知らないかい？」と尋ねました。

彼は5分後に電話を掛けてきて言いました。「できる人たちを見つけたよ」どうですか？ 物事はこのように機能するのです。「何がどうあれば、これを創り出せるだろう？」、「何がどうあれば、違う可能性を創り出せるだろう？」と問いかけることを厭わなければ、ユニバースはあなたをサポートするためにできることを何でもします —— あなたがそれになること、それを持つことを拒まなければ。

世界には、ごくわずかな人にしか見えない可能性があります。それを見ることができる人とはどんな

人なのでしょうか？　見ることを選ぶ人です。でもあなたはそう**しない**ことを選びます。なぜあなたはそうしないことを選ぶのでしょうか？　私はあなたにそれを選ばせようとしています。あなたにとって使えるものは本当にたくさんあるのに、あなたは自分には選択がないかのように振る舞っています。

流入、それとも流出？

　あなたが流入を選んでいないことがわかっていますか？　あなたはもしかしたら**流出**と**流入**を誤認、誤用しているのかもしれません。**流出**とはあなたが下痢をしている時のことです。**流入**とはあなたがあり余るお金を持つ時のこと。ある人が1828年の辞書でこれらの言葉を調べたと話してくれました。彼女は言いました。「**流出**とは外や、前方に流れること。**流入**とは向かって流れること。豊かさに溢れていること。流出が外へ流れることで、流入が向かって流れること、というのが気に入りました」

　　流入とはあなたが拒んできた受け取りの状態であると気づくことを厭わなかったら、どんな風になるでしょうか？　あなたにそれほどのレベルの受け取りを持たせないもの全てを破壊してアンクリエイトしますか？　Right and Wrong, Good and Bad, POD and POC, All 9, Shorts, Boys and Beyonds.

　これが真実だとわかるぐらいにあなたは変化してきたかもしれません。それでも、あなたはまだ人生でお金の状況を変えることを拒んでいます。拒むのを諦めることもできますが、おそらくそれはしないでしょう。あなたは流入よりも貧困の方がずっと楽しいと思っています。

　　真に望む全てを手に入れられないように、自分を足止めできるだけの賢さを持つ人は私しかいないと、いつ、どこで決めましたか？　それら全て掛ける不可説不可説転を破壊してアンクリエイトしますか？　Right and Wrong, Good and Bad, POD and POC, All 9, Shorts, Boys and Beyonds.

　流入を創造するだろうものを選ぶことからあなたを遠ざける、貧困についての何をそんなに必要不可欠で価値があり、リアルなものにしてきましたか？　皆さんの多くは流入が流出と同類か、おならのようなものだと思っています。流入はおならではありません。お金の創造です。

　私が言葉の意味を辞書で調べるようにと皆さんに頼んでいる理由はこれです。あなたが言葉を調べれば、それらの本当の意味を見るようになって、異なる現実を選べるようになるでしょう。あなたが言葉を調べず、その意味も知らなければ、自分にとって使えるものは何か、本物の気づきを持っているのでしょうか？　いいえ。

　　流入、豊富さ、あり余るお金を持つことを拒む一つの方法は、あなたが言っていること、考えていることについて自分で自分を教育しないことだとわかってもらえますか？　自

分が言っていること、考えていることに完全な気づきを持たないためにしてきたことの全てを破壊してアンクリエイトしますか？　Right and Wrong, Good and Bad, POD and POC, All 9, Shorts, Boys and Beyonds.

どんなエナジー、スペース、コンシャスネスを使って、あなたに流入をもたらすだろう気づきと教育を避けることを選んでいますか？　それら全て掛ける不可説不可説転を破壊してアンクリエイトしますか？　Right and Wrong, Good and Bad, POD and POC, All 9, Shorts, Boys and Beyonds.

自分が言っていること、考えていることについて自分自身を教育してください

　ある女性が私に言いました。「受け取ることは私にとって難しかったので、**受け取る**（receive）という言葉を調べました。最初の意味は『与えられる、提示される、または支払われる』でした。２番目の意味は『苦しむ、体験する、または影響下に置かれる』。私はずっとこの２番目の意味を取り入れてきました」

　これが皆さんの多くがしてきたことです。あなたは自分が創り出している制限を正当化する言葉の意味を取り入れてきました。

　　どのようにより多くを手に入れ、より多くになるのかについて自分を教育することを避けるためにしてきたことの全て、そして自分をどのようにもっと制限するのかについて自分を教育するためにしてきたことの全てを破壊してアンクリエイトしますか？　Right and Wrong, Good and Bad, POD and POC, All 9, Shorts, Boys and Beyonds.

　　流入を創造するだろうものを選ぶことからあなたを遠ざける、貧困についての何をそんなに必要不可欠で価値があり、リアルなものにしてきましたか？　それら全て掛ける不可説不可説転を破壊してアンクリエイトしますか？　Right and Wrong, Good and Bad, POD and POC, All 9, Shorts, Boys and Beyonds.

　あなたが人生で本当に創造したいものは何ですか？　自分で可能だと今まで考えてきたよりも多くのお金を創り出したいですか？　それともあなたは既にそれを持つことはできないと決めていますか？

　　持っていないのだから明らかに持つことができないので持つことができないとあなたが決めたことで、自分を完全に落ち込ませてきましたか？　それら全てを破壊してアンクリエイトしますか？　Right and Wrong, Good and Bad, POD and POC, All 9, Shorts, Boys and Beyonds.

問い3：自分が経済的に成功しないことを確かなものにするために、どんな熱意を避けているだろう？
What enthusiasm am I avoiding to make sure I don't succeed financially?

_____

_____

_____

_____

_____

強い要求は、あなたが熱意を選ぶことを可能にします

　熱意を**持つ**ことと熱意に**なる**ことの間には違いがあります。熱意を**持っている**のなら、あなたは嘘をついています。熱意に**なっている**のなら、あなたは何のものの見方も持っていません。あなたはただ自分自身を徹底的に楽しんでいます。熱意で**ある**時は何が起きても関係なく、あなたはやり続けます。自分の人生を止めることも、自分自身を止めることもありません。もっと素晴らしい可能性を探しています。あなたがいつも、より素晴らしい可能性を探し求めたなら、何が起きるでしょうか？

　強い要求は、あなたが熱意を選ぶことを可能にするものです。「私は他の誰もが持つことを厭わない人生よりも素晴らしい人生を創り出す」と自分に強く要求しなくてはなりません。

　私は他の人が誰も持ちたがらないものを創造することを厭いません。それに、自分が何を手に入れるかを気にしません。私は自分が受け取るもの全てをただ楽しみます。他の人たちが知覚し、知り、なり、受け取ることを厭わないものよりも、さらに素晴らしいものを知覚し、知り、なり、受け取る能力が自分にあるという事実に私は夢中になっています。どうしてそれが真実なのかって？　それこそが可能性や喜び、その他全てを創り出すものだからです。

　自分が持っているものに感謝し、起きていることに感謝してください。感謝と熱意は手に手を取って歩む関係にあります。可能性の陰陽のようなものです。あなたは強い要求を創り出さなくてはなりません。問いかけてください：「私が本当に創造したいものは何だろう、そしてどうやってそれをする？」

ただ選ぶ

　クラスのある参加者が言いました。「時々『私は何を創造したい？』と問いかけますが、どう創造するのかは必ずしもわかりません…」

私は言いました。「『どう創造する？』は可能性のドアを開く質問ではありません。こう問いかけて：『これを創り出すだろう何をここで選ばなくてはならないだろう？』」

彼女は言いました。「それも問いかけました。答えは出てきません」

私は言いました。「それは、あなたが選ばなくてはならないことに答えなどないからです。そこにあるのは、あなたが選べるものの可能性だけです。あなたはただ選ぶのです」

彼女は言いました。「ああ！　それこそあなたが以前『ただ選びなさい』と言っていたことなのですね。今わかりました！」

これを楽しんでいないのなら、なぜ私はわざわざここにいる？

別のクラス参加者が尋ねました。「ギャリー、あなたはいつもそのような熱意になっているのですか？」

私は言いました。「そうです、私はいつも人生に熱意を持っています。『これを楽しんでいないのなら、夢中になっていないのなら、なぜ私はわざわざここにいる？』と思うからです」

彼女は言いました。「南アフリカでの７デイ・イベントから戻った時、私もそんな熱意を持っていました。今はまた熱意が戻ってきましたが、しばらく熱意がどこかへ消えてしまった期間がありました。これは何ですか？」

私は言いました。「消えてしまったのではありません。ただ誰も受け取れなかったのです。あなたは他の人に受け取れなければ、自分もそれを持つことをやめなくてはならないという考えを持っています。私はそんなものの見方を持っていません。他人が気に入るかどうかに関係なく、私は夢中でいます」

彼女は言いました。「その通りです！　私はこの現実を鵜呑みにしていました。そこには喜びなど全くないようです。ほとんどの人は喜びを持っていません」

ほとんどの人は、自分が知っている人全員を超えてしまうからという理由で、自分の人生で持てるはずの熱意や創造性を持ちたがりません。

問い4：それらを超えていったなら、私にとって全く異なる経済的な現実を創り出すだろう、誰または何を、私は超えていきたがっていないだろう？

Who or what am I unwilling to go beyond that if I went beyond them would create a totally different financial reality for me?

_____

_____

_____

_____

_____

あなたの現実を諦めないで

私が若かった頃、母がサンタバーバラに私を訪ねてきました。母は「あなたをディナーへ連れていくわ、ハニー。どこに行きたい？」と言いました。

私は「オーハイ（訳注・サンタバーバラ近郊の地名）にある『ランチ・ハウス』はどう？」と言いました。母は「良いわね」と言いました。

私たちはそこへ行き、ディナーは3人分で120ドルでした。母は支払いを済ませた後で「どうしてこのお店で食事をしようなんて思うの？」と聞いてきました。「ランチ・ハウス」には、人生で口にする中でも最高の料理があります。でも3人で120ドルのディナーは母にとってゾッとするものでした。私はそれを見て「そうか、母と私は同じ現実を持っていないのだ」と思いました。私は「母がおかしい」という方には向かいませんでしたし、「私がおかしい」という方にも向かいませんでした。「私たちは同じ現実を持っていない」ということでした。

私は「母に同じことはできない」と気づき、二度としませんでした。後に私がお金を手にした時、母と継父が訪ねてきたので、私は彼らをとても良いレストランに連れていってご馳走しました。今度は継父がゾッとする番でした —— 私たちが行ったのは高級レストランでしたが、彼が食べたかったのはハンバーガーだったからです。店のスタッフが特別にハンバーガーを調達してくれました。継父のものの見方は「どうしてお前はこんなにまずいハンバーガーを手に入れるためにこんなに金を使うのか？」というものでした。この時点で、私の現実と彼らの現実が決して交差しないことがわかりました。

継父は向かいにある7.99ドルで食べ放題の店に行きたがっていました。それは私の現実ではありません。私は私の現実を諦めるつもりはありませんでしたが、継父を7.99ドルの店へ連れていき、彼が食べている間、自分は飲みながら待つことは喜んでできました。

私が他の誰かのために私の現実を諦めたことがあったでしょうか？　ええ、妻たちのために諦めました。ずっと、結婚生活で相手を幸せにするために私の現実を諦めようとしながら人生を送ってきました。でも本当に他の誰かを幸せにすることはできるのでしょうか？　いいえ。

問い5：決して成功することのない、他人を幸せにすることのために私は私の現実をどれだけ諦めてきただろう？
How much of my reality have I given up to make other people happy which has never succeeded?

_____

_____

_____

_____

_____

　あなたが自分の現実を諦める時は、自分の選択を消去しています。

　クラスの中である人が「限りない選択が欲しい」と言いました。

　私は言いました。「あなたには持てないよ。私がそうさせない」

　彼女は笑って「それをずっと言い続けてください」と言いました。私が「あなたには限りない選択を持つことはできない」と言ったことが、自分がそれを持つと強く要求するためにまさに必要であったことを、彼女は知っていました。

　私は言いました。「これに気づいてください。私が『あなたには持てない』と言った時、あなたは頭の中で『この先、二度と誰にも私の足を引っ張らせない！』と言いました。それこそあなたがしなくてはならない決断です」

問い6：私の経済的現実を今すぐ創り出す、どんな決断を今日、しなくてはならないだろう？
What decision would I have to make today that would create my financial reality right away?

_____

_____

_____

_____

　あなたは自分を創造へと動かすことよりも、自分を足止めする決断をしがちです。その事実を踏まえて、

しなくてはならない決断は何でしょうか？　この問いは基本的に、これまでしてきた馬鹿げた決断を超えて動いていくようにあなたを引っかけるものです。あなたは自分を限りない能力を持った限りない存在にすることよりも、ゴミの山にする決断をしようとするでしょう。

あるアーティストの女性が言いました。「写真や絵を制作している時、私はその瞬間にいます。でも自分の人生を創造している時は、ありとあらゆる決断と結論を作っています」

私は言いました。「絵を制作している時、あなたはその瞬間にいなくてはなりません。そうでなければ所有に値する絵として実現しないですよね？　あなたの人生にも同じことが言えます」

お金はどこにでもある

最初の「**お金になる方法ワークブック**」には「お金が自分に向かってくる時、どの方向からやって来るのを感じる？」という問いがあります。お金が後ろからやって来るように見える人もいれば、左や右から、または上からやって来ると言う人もいます。お金はどこにでもあり、全てであるというものの見方を持たなくてはなりません。こう問いかけてください:「お金は私のためにどう役立とうとしている？」

あなたは常に自分がどうやってお金を創造できるかを見ています。お金があなたのために何を創造しようとしているかを見ていません。もしお金があなたのために働こうとしていたら、どのように見えるでしょうか？　あなたが使う1ドル1ドルが10倍になって帰ってくるとしたら、どのように見えるでしょうか？　あなたがお金を使う時はいつだって、何か素晴らしいことが起きるとしたら、どんな風になるでしょうか？

問い7：お金は私のためにどう役立とうとしている？
How is money going to work for me?

_____

_____

_____

_____

私の友人で、所有している土地の雑草やゴミの除去に多額のお金を使った人がいます。彼女は言いました。「土地からのエナジーが素晴らしいの」

私は尋ねました。「あなたがとても素敵なドレスを買って、それを身に着けたらいつもより良い気分になる？」

「もちろん」と彼女は言いました。

私は言いました。「それなら、お金を使おうとしている時にこう問いかけて：『これは私をどんな気分にさせる？　これは私の人生を拡大させる？　それとも縮小させる？』」

あなたはお金とともにどのように創造しますか？　お金はあなたのためにどのように役立とうとしているでしょうか？　お金をあなたのために働かせなくてはなりません。あなたの見解では、お金を得るためにはあなたがいつも働かなくてはなりません。あまりに多くの人たちがミュージカル調の仕事モードで「払わなきゃ、払わなきゃ、だから仕事に行くんだよ」と歌っています。

私は投資や、投資先から受け取ることについて話しているのではありません。投資とは、あなたは一定額のみを持っていて、もし投資をすれば、その投資をした甲斐のあるものにするだけの一定額が還元されるに違いない、というものの見方です。全てジャッジメントです！　あなたのためにお金を働かせることとは全く違います。

問いは「このお金は私のためにどう役立とうとしている？」です。それが問いかけです！「これは私にとってどのようにうまく機能するだろう？」

お金なんて簡単

あなたはお金がそんなに簡単だと知りたくないでしょう。お金がそんなに簡単だったら、一体何をすれば良いと言うのでしょう？　あなたは困難な人生を諦めなくてはなりません。私は、あなたには人生で本当に望むものを強く要求できるようになって欲しい、そしてそれを進んで持とうとして欲しいのです。あなたが望むものはいつも即座に現れるでしょうか？　いいえ。でも現れます。それはどのように見えるでしょうか？　私にはわかりません。いつ現れるでしょうか？　わかりません。あなたはただ異なる場所から見ようとしなくてはなりません。

私の友人が最近、初めてオークションに行きました。彼女はただその場にいるだけで、喜びが弾けるような感覚を持ったと言います。彼女はそこで売られていた美しい品々を見て、自分を軽く、広がる感覚にさせるような家具やその他のアイテムを自分のために選ぶことをほとんどしてこなかったことに気づきました。

彼女は言いました。「ある鏡を見た時、全身が『あああ』となったの。値段は5000ドルだったわ。あなたからアンティークの話を聞いていたし、少しは自分で調べもしたから、『ピエール1760ミラー』と呼ばれる鏡だとわかったの。そのうち一つはクリスティーズ（訳注・大手オークションハウス）で、5万5000ドルで売られていたわ」

私は尋ねました。「その鏡を見て何かを悟ったということ?」

彼女は言いました。「ええ、あなたが自分の知っていることを瞬時に否定する時ってどんな感じ?」

私は言いました。「そうだね、残念なことだ。あなたがいつも、自分が知っていることを —— そしてそんなに簡単にお金を創れることも —— 知っていたら、人生は簡単になりすぎてしまう。でもあなたには簡単な人生を持つなんてできっこない」

彼女は言いました。「それはもうこりごりよ! 私は空き時間があると、時間や創造の美、喜びを受け取るよりもお金絡みのゴミに向かっている、そんな自動応答システムがあることに気づいたの。ただ存在して、人生を受け取るのではなく」

私は言いました。「それはあなたが受け取ることよりお金をもっと重要なものにしたからだよ。良いアイデアではないよね?」

大好きなものについて自分を教育する

あなたにお金を創り出すものについて、自分で自分を教育してください。あなたは何に興味がありますか? 大好きなことは? 心が歌い出すようなことは何ですか? 私はアンティークが大好きです。どこに行ってもアンティークを見ています。飛び抜けて美しいものを目にしたときは、「これはいくら?」と尋ねます。もし私にとって手が届かないのであれば、手が届かないのです。次の機会に私の手が届く範囲の価格で同じぐらい美しいものを目にしたら、それを買います。

私はまた、他の人々が見ていないものに目を向けます。お金は、人には見えないものや人が見たくないもの、人がものの見方を持っているものに目を向ける人たちの元へやって来ます。私は以前、ある高齢の女性が開催するガレージセールに行きました。そこで14カラットの金のブレスレットに1500ドルの値札がついていたのを見て考えました。「これは実際にはいくらなのだろう? 彼女が求めているのは150ドルなのか、1500ドルなのか」2人のアンティーク・ディーラーが何の関心も示さずに私の目の前を通り過ぎていきました。

私は「これはいくらですか?」と女性に尋ねました。

彼女は「15ドルです。14カラットの金ですよ」と言ったので、私はそれを買いました。その日の午後、私は金や銀の製品を買い取る店に行き、ブレスレットを450ドルで売りました。皆が「よくあの小さな年老いた女性を利用するなんてことができるね?」と言いました。

私は言いました。「簡単さ。私は彼女が求めた額そのものを払っただけだよ」

問い8：完全に受け取ることを厭わなかったら、私は最終的にどんな風になっているだろう？
If I was totally willing to receive, what would I end up being?

_____

_____

_____

_____

_____

　あなたがより多くのお金を求めると、ユニバースは「わかった、ほら、もっとお金だよ」と言って、5000ドルの鏡や15ドルのブレスレットといったものを見せてくれます。そこであなたは「いいえ」と言っています。なぜ「いいえ」と言うのですか？　どうして「何がどうあればこれを創造できる？」と問いかけないのですか？　自分のところへやって来るものを全て買う必要はありません。調べて、それがどれほどの価値なのかを見つけ出してください。今度、高額の価値を持つものを目にした時、あなたはこう言います。「私の内なる全てが、これには高額の価値があると言っている。どうしたらこれを買えるだろう？」そしてそれを買うでしょう。

　ここアメリカで、私が時々足を運ぶオークション会場があります。私は何か月もオークションに参加していませんでしたが、どういうわけか最近そこへ行き、ないに等しいお金で、誰も欲しがらないような裸石を大量に買いました。そのおかげで私は悲しんだでしょうか？　いいえ。私は自分が入札したい額を入札して言いました。「損をしても構わない。私はそれが損失だと信じていないのだから。私はこれが異なる可能性のドアを開くものだと信じている。凝り固まったものの見方を持たなかったら、何を手に入れることができるだろう？」それが次の問いです：

問い9：凝り固まったものの見方を持たなかったら、何を手に入れることができるだろう？
What would be available if I had no fixed points of view?

_____

_____

_____

_____

_____

　自分のものの見方を消し去れば何でも持つことができますが、あなたはむしろものの見方を持とうとします。ものの見方を持てば、あなたがあなたであることを証明できるからです。

人生にお金と可能性を創り出すだろうものに反する選択を必然的にあなたにさせ続ける、あなたのものの見方についての何をあなた自身として、そんなに必要不可欠で価値があり、リアルなものにしてきましたか？ それら全て掛ける不可説不可説転を破壊してアンクリエイトしますか？ Right and Wrong, Good and Bad, POD and POC, All 9, Shorts, Boys and Beyonds.

あなたをトップのミリオネアにするだろうものを創造することからあなたを遠ざける、路上の貧民でいることの必然性について、何をそんなに必要不可欠で価値があり、リアルなものにしてきましたか？ それら全て掛ける不可説不可説転を破壊してアンクリエイトしますか？ Right and Wrong, Good and Bad, POD and POC, All 9, Shorts, Boys and Beyonds.

覚えておいてください。お金は簡単です。そして、あなたがお金に関して持っている制限に気づき、もうそれらを真実として鵜呑みにしないように、これらの問いに何度も何度も答えてください。

ワークブックの問い　第8章

問い1：もし人生で、望む全てを持っていたとしたら、私は何にならなくてはならないだろう？
If I was having everything I desire in life, what would I have to be?

_____

_____

_____

_____

問い2：真に望む全てを手に入れられないように、自分を足止めできるだけの賢さを持つ人は私しかいないと、いつ、どこで決めただろう？
Where and when did I decide that I was the only one who was smart enough to stop me from getting everything I truly desire?

_____

_____

_____

_____

問い3：自分が経済的に成功しないことを確かなものにするために、どんな熱意を避けているだろう？
What enthusiasm am I avoiding to make sure I don't succeed financially?

_____

_____

_____

_____

問い 4：それらを超えていったなら、私にとって全く異なる経済的な現実を創り出すだろう、誰または何を、私は超えていきたがっていないだろう？

Who or what am I unwilling to go beyond that if I went beyond them would create a totally different financial reality for me?

_____

_____

_____

_____

_____

問い 5：決して成功することのない、他人を幸せにすることのために私は私の現実をどれだけ諦めてきただろう？

How much of my reality have I given up to make other people happy which has never succeeded?

_____

_____

_____

_____

_____

問い 6：私の経済的現実を今すぐ創り出す、どんな決断を今日、しなくてはならないだろう？

What decision would I have to make today that would create my financial reality right away?

_____

_____

_____

_____

_____

問い 7：お金は私のためにどう役立とうとしている？

How is money going to work for me?

_____

_____

_____

_____

問い 8：完全に受け取ることを厭わなかったら、私は最終的にどんな風になっているだろう？

If I was totally willing to receive, what would I end up being?

_____

_____

_____

_____

問い 9：凝り固まったものの見方を持たなかったら、何を手に入れることができるだろう？

What would be available if I had no fixed points of view?

_____

_____

_____

_____

第9章

これまで目にしてきた
どんなものをも超えた未来

A Future Beyond Anything You Have Ever Seen

問い1：お金がなくなった時の最終手段として私が定義したものは何だろう？
What have I defined as my last resort when I am out of money?

_____

_____

_____

_____

　自分の最終手段はホームレスになることだ、最終手段はママと同居することだ、最終手段は結婚することだ、とあなたは決めてきたかもしれません。それが何であったとしても、自分の最終手段として定義したものは、あなたが創造を探求していない時に探し求めるものとなります。最終手段を創造している時、あなたは人生を創造していません。

　　お金がなくなった時の最終手段としてあなたが結論づけたことで、あなたに最終手段のための創造をさせ続けるものは何ですか？　それら全て掛ける不可説不可説転を破壊してアンクリエイトしますか？　Right and Wrong, Good and Bad, POD and POC, All 9, Shorts, Boys and Beyonds.

創造を探求していなければ、いつも最終手段を探すことになります。

　　創造を探求しないためにあなたがしてきたことの全てを破壊してアンクリエイトしますか？　Right and Wrong, Good and Bad, POD and POC, All 9, Shorts, Boys and Beyonds.

　最終手段として浮かんできたものが何であったとしても、こう問いかけなくてはなりません：「これは本当に私の最終手段？　それとも今まで考えもしなかった、自分に使える何かがあるのだろうか？」これが次の問いです。

問い2：これが私の最終手段だとしたら、私が今まで一度も考慮してこなかったことは何だろう？
If this is my last resort, what is it that I have never considered?

_____

_____

_____

_____

　あなたがどんなものでも可能性として捉えることを厭わなければ、「私には選択がない」から抜け出して「どんな選択を私は持っている？」へと移ることができます。また、「今までと違う何かを選ぶとしたら、それを創造するために私は何になり、何をしなくてはならないだろう？」と問いかけることもできます。これが3番目の問いです：

問い3：今までと違う何かを選ぶとしたら、それを創造するために私は何になり、何をしなくてはならないだろう？
If I chose something different, what would I have to be or do to create that?

_____

_____

_____

_____

　異なる可能性はいつもそこにあります。あなたにはいつも選択があります。どんな選択でも何かを創造します。「選択がない」すら、あなたがする選択で、何かを創り出します。

　あなたが持てるお金を制限する、どれだけたくさんの「選択がない」を人生に創り出してきましたか？　それら全て掛ける不可説不可説転を破壊してアンクリエイトしますか？ Right and Wrong, Good and Bad, POD and POC, All 9, Shorts, Boys and Beyonds.

　あなたが今まで考慮してこなかった何が実際に可能でしょうか？　あなたが異なる何かを選んだとしたら？　それを創造するために、あなたは何になり、何をしなければならないでしょうか？　そうさせないもの全て掛ける不可説不可説転を破壊してアンクリエイトしますか？　Right and Wrong, Good and Bad, POD and POC, All 9, Shorts, Boys and Beyonds.

　可能性は、あなたが「選択がない」を選んだ時でさえ現れます。「選択がない」を選ぶなら、あなた

は最終手段に向かいます。「もし他も全てが失敗したら、私は○○を選ばなくてはならないだろう」とあなたは言います。なんだって？

　　　自分には選択がないと決めた時、あなたがした選択は何ですか？　それら全て掛ける不可説不可説転を破壊してアンクリエイトしますか？　Right and Wrong, Good and Bad, POD and POC, All 9, Shorts, Boys and Beyonds.

　　　もし他も全てが失敗したら、あなたは何を選ばなくてはならないでしょうか？　それら全て掛ける不可説不可説転を破壊してアンクリエイトしますか？　Right and Wrong, Good and Bad, POD and POC, All 9, Shorts, Boys and Beyonds.

　ある女性が、自分がファシリテートしている人についての質問をしました。彼女は言いました。「その人はたくさんのお金を創り出し、ひときわ注目される仕事をしています。彼は大勝負に出ようとしていて、お金に関するものの見方が自分に張りついていることもわかっています」

　あなたには自分のお金に関するものの見方が張りついていますか？　自分がしていることに目を向け、問いかけなくてはなりません。「これは何？　これに対して何ができる？　ここで私は何を選びたい？　もし選んだら、私にとって実際にうまく行くことは何だろう？」それが何かを認識することを選んでください。それから、このような問いかけができます：「ここでどんな選択が可能？」

　　　限りない額のお金を絶対に持たないことの必然性を創り出す、お金についての何をそんなに必要不可欠で価値があり、リアルで有効なものにしてきましたか？　それら全て掛ける不可説不可説転を破壊してアンクリエイトしますか？　Right and Wrong, Good and Bad, POD and POC, All 9, Shorts, Boys and Beyonds.

あなたの未来を創造しなくてはなりません

　人々はよく過去に起きたことの話をしたがります。私は尋ねます。「なぜあなたはそれをリアルにしているの？　なぜ自分の未来を創造することよりも過去ばかりを見ているのですか？」問題は**あなたの**中にあります —— 過去にはありません。今日あなたがしていることを創造したのは過去ではありません。**あなた**です。あなたは自分の過去を正当化のために使っていますが、過去は現実ではありません。未来よりも過去を、より自分に関連するものにし続けているのは、あなたがする選択です。

　　　過去の全ての関連性を、全ての永遠において全滅し根絶するために、あなたの未来として、あなたがなり、行い、持ち、創り出し、生み出さなくてはならないことは何ですか？　それら全て掛ける不可説不可説転を破壊してアンクリエイトしますか？　Right and Wrong, Good and Bad, POD and POC, All 9, Shorts, Boys and Beyonds.

あなたは過去をまるでギフトかのように見続けています。過去はギフトではありません。過去は過去です。あなたが創造したいものは何ですか？　過去をもっとたくさん？　過去をもっと少なく？　それとも、あなたがこれまで目にしてきたどんなものをも超えた未来が欲しいですか？

過去の全ての関連性を、全ての永遠において全滅し根絶するために、あなたの未来として、あなたがなり、行い、持ち、創り出し、生み出さなくてはならないことは何ですか？　選択が創造するということが見えているのなら、なぜあなたは創造していないのでしょうか？　経済的に異なる現実を創造するために、あなたは今すぐどんな選択をしなければならないでしょうか？

友人がこんなことを言いました。「予定外に税金を山ほど払わないといけなくなったわ。他に投資物件を買うことも考えていて、『全てを繁栄させよう、税金も払おう、これを全部済ませよう、**それから**不動産投資をしよう』と言いたい私がいる。また別の私は『とにかく創造して、全てを選ぼう』と言いたいけれど、経済的な混乱に陥りたくはない。どんな選択をしたら良いかわからないの」

私は言いました。「少し違うものの見方をしてみよう。知っての通り、私は馬をテキサスに移せるように牧場を買う可能性を探っている。カリフォルニアではすごくコストがかかるからね。テキサスで牧場を買えば、おそらくかなりの出費を減らすことができるはずだ」

友人は言いました。「それは頭を使わなくて良い選択だわ。私もそんな選択をしたい。牧場を買うことで、あなたは5年後、10年後、15年後、20年後に遥かに大きくなっているだろう未来を創っている。そして私はあなたがさらに多くを創造できることも知っているわ」

私は言いました。「その通り。数年前、カリフォルニア州が税金のために私の現金を全て没収した時、私はボナムズ（訳注・大手オークションハウス）に行って、アンティーク・ギルド（訳注・ギャリーが設立したアンティーク・ショップ）のために3万1000ドル分の宝石を買った。一緒にいた君や他の皆は『たくさんの税金を抱えている時になぜこんなことができるの？』と言ったね」

「私はその時にこう言った。『私は単に税金を抱えているだけだ。死んだわけじゃない。私は私の未来を創るんだ』君は君の未来を創造しなくてはいけないよ。税金の請求書を見てこんな風に言うことができる。『わかった、私はこれだけの税金を負っている。ではどうする？　私には支払う方法がある：所有しているものを全部売って税金を完納することもできる。それは私の人生を創ることになる？　それとも壊すことになる？　壊すことになる』あるいはこう問いかけることもできる：『私が自分の人生を創造していくとしたら、それはどのように見えるだろう？　私がこれをやったら、それはどのように見えるだろう？』」

友人は言いました。「私たちが買いたいと思っている物件は来月オークションにかけられる予定で、おそらく50万ドルぐらいになるわ。私たちはその土地に今ある家を壊してタウンハウスを3棟建てようと思っているの。その費用はだいたい110万ドルぐらいよ。私たちはこの投資をちまちまやろうな

んて思っていない、そんな自分をいつも笑っているわ。大きくやるの。小さくする理由なんてある？」

　私は言いました。「残念なことに、君はあまりに長くアクセスをやり続けているからね」

　彼女は笑って言いました。「時々、この現実は私たちを引っ張り戻そうとして『ねえ、君には払わなくてはならない税金が10万ドル以上あるよ。削減しなきゃ』と言ってくる。それは私の世界じゃない。私の現実でもない。私が削減したことは一度もない。私はより多くを創造するの」

　私は言いました。「君は自分の人生に熱意を創造するものに目を向けなくちゃいけないよ。それは政府にお金を払うこと？　それとも自分のために何かを創造すること？　もし君が自分の心地よい水準を少しだけ上回る何かをしていて『これはこの先どう機能する？』と問いかけているのなら、最悪のシナリオが何かを見て。君は自分が払っている以上のお金で自分の家を貸し出して、それ以下のお金で別の家を借りることができる？　その差額は税金の支払いに使うことができる。君には選択がある。私たちは実際に可能なことは何かを見るよりも、自分には選択がないという考えを鵜呑みにしがちだ。君にはさまざまなお金の源がある」

　「人生に選択を創造して、それがより多くを創り出すから。私はいつも、何が人生により多くを創り出すかということから機能したいと思っている。『税金を全て払って、あとは死ぬだけだ』という最終手段から機能しないで。君の人生に熱意を創り出すものに目を向けて。それは政府に支払いをすること？　それとも自分のために何かを創ること？　人生に何を創造したい？　君にとって本当に重要なことは何？」

採用するものの見方で、その人が持ち、手に入れる創造が決まる

　ある時、私は全ての馬を手放すことを考えていました。そうすれば支出を月に2万ドル以上減らせるからです。実際に、私はただ馬たちを手放すべきだったのでしょうか？　いいえ。私がその種の馬たちをアメリカに連れてきたのは、コスタリカで2年以内に設立、運営される予定となっていた私たちのセンターという長期的な現実のためでした。そこではコスタリカ、アメリカ、ヨーロッパ、そして世界中からやって来た人々が、その馬たちに乗るのです。人々は馬を欲しがるでしょう。なぜって？　素晴らしい馬だからです。目を見張るような馬ばかりです。一度乗れば、「どうしたらこんな馬を見つけられるだろう？」と思うでしょう。まあ、私はたまたま彼らを繁殖できる場所を持っていたのです。だから長期計画を立てました。私は短期計画は立てません。

　ほとんどのビジネスは最初の2年で失敗します。その理由はそもそも経営のための十分なお金がないことです。ビジネスを始めるためには、資源を持たなくてはなりません。それは絶対に必要でしょうか？　いいえ、でも、あなたは最初の1年や2年で莫大な稼ぎを期待することはできません。あなたは3年目にはお金を創造し始め、4年目にもなればそれなりのお金を実際に稼ぐことができるでしょう。

ある人が言いました。「多額の税金を払わなければいけなくなった場合、私なら倒産します。あなたはどうしてそんな風に機能できるのですか？」

　私は言いました。「ただの税金の請求書じゃないか。世界の終わりではないよ。私は死ぬことになる？　いいや。債務者のための刑務所に連れていかれる？　いいえ。彼らは私をオーストラリアに送ることすらできないよ」採用するものの見方で、その人が持ち、手に入れる創造が決まります。私は「なんてことだ！　これはひどい。税金！」と言っていますか？　いいえ！　そのものの見方で、私は何を創造するのでしょうか？　可能性？　それとも恐怖？　どちらがあなたの未来を創造しますか？

問い 4：私が自分の未来を創造しているとしたら、何を選ぶだろう？　そして選ぶべきものをどのように知るだろうか？

If I was creating my future, what would I choose and how would I know what to choose?

_____

_____

_____

_____

_____

問い 5：どうしたらこれまで手にしていたよりも多くを創造できるだろう？

How can I create more than I've ever had before?

_____

_____

_____

_____

_____

ジャッジメント vs 興味深いものの見方

　ジャッジする時、それがどんな種類であれ、自分に対するジャッジメントだったとしても、あなたは現実としてのコンシャスネスを削除しています。本当にコンシャスネスを望むなら、全てのジャッジメントから抜け出さなくてはなりません。コンシャスネスは全てを含み、何もジャッジしません。あなたはどんなものでも、ものの見方なしに受け取ることを厭わずにいなくてはなりません。それを可能性として見て、自分の選択によって何が創り出されるかを見なくてはなりません。

　人々は時々、私のところにやって来てこんなことを言います。「あなたに話さなくてはなりません。私がお金のために何をしているか知っていますか？　大麻を育てているんです」

　私は言います。「そうかい、別に構わないよ。世界ではどんなものにも市場があるからね」彼らは私のジャッジメントを探しています。それは自分が誰を拒絶すべきか、誰を受け取らなくて済むかということです。もし私が「あなたがそんなことをしているなんてひどい」と言えば、彼らは私と、私が伝えた、より多くを創造し得ることの全てを拒絶できます。でも私が興味を持っているのは、人々のためにより多くを創造することなのです。より少なく、ではありません。

　あなたは興味深いものの見方から機能しなくてはなりません。全てはただの興味深いものの見方です。興味深いものの見方はあなたが持っている選択の一つです。あなたのものの見方はただ可能性を創り出します。あなたはそれを使っていますか？　それとも避けていますか？

　お金を稼ぐ方法は世界中どこにでもあります。あなたはただ自分が興味を持っているもの、自分にとって楽しいもの、そして自分のためにお金を創り得るものを見つければ良いのです。あなたはそのようにしていますか？　それとも、自分が確実に正しいお金を得るようにするために、正しい物事に取り組もうとしていますか？　あなたが次にすべきことはこれです。

問い 6：私が「間違ったお金」と決めた 10 のことは何だろう？
What ten things have I decided are "wrong money"?

_____

_____

_____

_____

_____

問い 7：私が「正しいお金」と決めた 10 のことは何だろう？
What are ten things have I decided are "right money"?

_____

_____

_____

_____

_____

　それでは、書き出した答えを一つ一つ見て問いかけてください：「これは何が正しいお金で、何が間違ったお金かというジャッジメントだろうか？」

　　お金を持つことからあなたを遠ざける、あなたが正しいお金として定義したものは何ですか？　それら全て掛ける不可説不可説転を破壊してアンクリエイトしますか？　Right and Wrong, Good and Bad, POD and POC, All 9, Shorts, Boys and Beyonds.

　　お金を持つことからあなたを遠ざける、あなたが間違ったお金として決めつけ、決定したものは何ですか？　それら全て掛ける不可説不可説転を破壊してアンクリエイトしますか？　Right and Wrong, Good and Bad, POD and POC, All 9, Shorts, Boys and Beyonds.

　何かがこうで**なくてはならない**、あるいはこうなることは**あり得ない**と決める時、あなたは本当に選択を手にしているでしょうか？

なりたがっていなければ、どんなものも受け取れません

　アクセスのファシリテーターになった人たちが「私は全然お金を創っていません」と言ってくることがあります。これのどこが問いかけでしょうか？　彼らは決して「なぜ私は十分なお金を創っていないのだろう？」と問いかけません。その答えは「十分なお金を創っていないのは、あなたがなりたがっていない何かがある」からです。あなたがなりたがっていなければ、どんなものも受け取れません。全てを受け取るためには、全てになることを厭わずにいなくてはなりません。これこそ私がこのワークブックを書いた理由です：あなたがお金になれれば、お金を受け取り、お金を持つことができます。ただし、自分が望むお金を創造するために求められる、どんなものにもなろうとしなくてはなりません。

問い8：受け取りたいお金を創造するために、私は何にならなくてはならないだろう？
What would I have to be to create the money I would like to receive?

_____

_____

_____

_____

_____

　自分にはなれないとあなたが決めたものは何でも、望むお金を持つことからあなたを遠ざけます。持つためには、進んで**ならなくては**なりません。

「お金を創るために、私のお金をどう使える？」

　これがわかっていますか？　あなたは一度や二度ではなく、もっとたくさんこの本を読まないといけないかもしれません。これはアドバンス、上級の本です。多くの人は基礎の「お金になる方法ワークブック」すらできません。なぜ基礎ができないのでしょうか？　人々は、より大きな可能性を創造するために自分のお金をどう**使える**かよりも、自分のお金をどう**消費できる**かに興味があるからです。あなたは問いかけなくてはなりません：「私のお金をどう使える？」

　私はたった10ドルしか持っていなかった時に、フリーマーケットへ行ったことがあります ——そこで20ドルや50ドルの価値があるものを買いました。あなたが持っているのがたった10ドルで、それを使おうとしているのなら、コーヒーは買わないこと。払う額よりも価値のあるものを買ってください。問いかけて：「お金を創るために、私のお金をどう使える？」

　「お金を創るためには他人のお金を使わなければいけない」とか「欲しいお金を得るには他人を利用しなければいけない」、「お金は悪い」などと言う人たちに耳を貸さないでください。お金は本質的に正しい、間違い、良い、悪い、といったものではありません。それはただ**それ**です。それは何かって？ただそれです！　あなたがそれを意味あるものにしない限り、何の意味もありません。

　私は子どもたちが幼い頃からガレージセールへ連れていきました。子どもたちに何かを買わせて、それを私が売り、いつでも行ってお金を手に入れられる場所があることを彼らが学べるようにしました。子どもたちのほとんどは今、「私に一番お金を創り出す、どんなことができるだろう？」というものの見方を持っています。ごくわずかか、ないに等しいお金から始めて、それなりの収入を創れるようにするスキルを私が与えたからです。

　ある人が言いました。「私の息子のものの見方は『もちろん俺はお金を持っているよ。もちろんそこ

にお金はある』です」

　私は言いました。「良いことだね。そのおかげで彼は、お金がやって来るのは難しいことではないというものの見方を持つことができます。彼のものの見方が『もちろんそこにお金はある』であれば、その次に彼は『それを手に入れるために何をしなければならないだろう？』と問いかけることができます」

　私にはお金のある環境で育った友人たちがいて、彼らについて気づいたことがありました。彼らは一度も**なぜ（why）、〜してみる（try）、欲しい（want）、必要（need）**という言葉を使いませんでした。これらの言葉は彼らの語彙に存在しないのです。彼らは、「もちろん私はお金を手にする」というものの見方を持っていました。彼らが結婚する時は、お金を持っている人と結婚しました。苦悩する貧しい人と結婚することはありませんでした。

　彼らはたまたま、ニューポートビーチ（訳注・高所得者の多いカリフォルニアの都市）の不動産が安かった頃にそれを買った両親を持ち、だから彼らはお金を持っていて、いつもお金を持つことになっていたのです。彼らは単純に相続だけでミリオネアになることになっていました。彼らは始めからお金が自分の人生の一部であると思っていました。お金を持てないという想定は全くありませんでした。私は自分の子どもたちにもお金を持つことができると教え、そうすることを厭わなければ、お金を得る方法はいつだってあると教えました。

　私の両親は、懸命に働いて貯金しなければならないというものの見方を持っていました。彼らは懸命に働き、貯金をし、そして何も持っていませんでした。お金を創るために手にした可能性をことごとく捨てていました。1942年に、カリフォルニアの海沿いにあるラホヤという小さな町に1区画600ドルで土地を買うチャンスがありました。母には、投資よりも貯金すべきだというものの見方があったため、両親はその土地を買いませんでした。ラホヤは今、優良不動産で大人気となっています。

　私が13歳の頃、両親にはエルカホンというところにある100エーカーの農地を、1400平方フィートのトラクト・ハウス（訳注・同一業者によって建てられる、規格化され外観などがよく似た住宅）1棟と同じ値段で買うチャンスがありました。彼らはトラクト・ハウスを買う方を選びました。その家は新築で、とても良いと彼らは考えました。2年後、その農地に高速道路が通ることになり、その所有者は100万ドルを手に入れました。あなたがお金を創造するものの可能性を進んで探そうとすれば、世界はあなたにお金を創造するための可能性を与えます。

　これが家族のものの見方だったので、私は何もないところから出発しました。私は無からお金を創造しました。「人は何も持たずにやって来て、何も持たずに去っていく」ということを言う人々がいますが、私はこう言います。「そんなの嘘っぱちだ！　それは私の現実ではない」

　あなたは無から何かを創り出すことができます。あなたは、何も持たないことなど絶対にない何かだからです。あなたが創造できることに関して、家族が泉に毒をまくのなら、その水を飲まないでくださ

い。彼らがパイに毒を盛ったら、食べないでください。あなたのものではない、家族の現実の何を鵜呑みにしようとしているのですか？「私の現実は何？」と問いかけなくてはなりません。あなたの家族の現実は、今後たくさんのお金を創造するようなものですか？　そうではありませんか？　どうしてですか？　彼らにとって不足こそリアルだからです。でも、あなたの現実で不足はリアルですか？

　お金がなかった時に私は家を買いたいと思っていて、頭金なしに家を買う方法を見つけました。物件を探しながら、私は言いました。「ユニバース、この先もっと価値が大きくなる物件をどこで買えるか、見せてくれるかい」

　それは「悪い地域」にある家でしたが、頭金なしという条件でした。人々は異様にその物件を手放したがっていて、何をしてでも売ろうとしていました。あなたはそこで何が創造され得るかを進んで見なくてはなりません。創造されるはずがないことを推測するのではありません。

問い 9：お金を持つためのどんな可能性を、私は選んでいないだろうか？
What possibilities for having money am I not choosing?

_____

_____

_____

_____

_____

問いかけが創造する

　何年も前に、私を追いかけている女性がいました。彼女は私と結婚したがっていました。私と出会った時、彼女は結婚していました。私は既婚女性と外出するようなことはしなかったので、彼女とどんな関係も持つ気はありませんでした。私はヨーロッパに6か月行き、帰ってくると、彼女はまた私に付きまとい始めました。私はただ彼女を遠ざけて、彼女がまだ結婚しているのかどうか、誰かに聞きもしませんでした。しまった。問いかけが創造します。後になって彼女が離婚していたことがわかりました。6か月後、彼女は兄弟かというほど私とよく似た男性と結婚しました。さらにその6か月後、彼女は避妊用ピルが原因の脳出血で亡くなり、夫に6700万ドルを残しました。可能性は私たちの人生に現れますが、私たちはいつもそれを手に取りません。残念ながら、問いかけなければ私たちは受け取れないのです。

「私の現実は何？」

私は、土地を買ってタウンハウスを建てたいと言っていた友人と話していました。彼女は言いました。「この土地を買うことは私にとって楽しい感じがするわ。『これは私をハッピーにしてくれる？　何か学べる？　私にとって楽しい？』と問いかけてきたの。そして、これって誰かとセックスをする時にするのと同じ問いかけだと気がついたわ！」

私は言いました。「そうだよ。セックスとお金は密接につながっているものだから」どちらも受け取ることに関するものです。私は自分の人生でずっとこの情報を皆にあげようとしてきました。

私が伝えなくてはならないことを、あなたが聞こうとしているという事実は、あなたがヒューマノイドであることを物語っています。あなたの現実は他の人たちの現実と同じではありません。あなたが災害多発地域のような現実を持つことはないでしょう。それはあなたの現実ではないのです。これまで一度としてあなたの現実であったこともありません。あなたの現実の主題は、常に人生により多くを持つことです。どうかこれをわかってください。あなたは、より少ないものとともに人生を生きたいとは思っていません。あなたはより多くのために、人生を生きたいのです。

これは、アクセスにやって来る全ての人について私が知っていることです。彼らは、自分の現実だとずっと知っていた、**より多く**を探し求めています。あなたである、より多くのものを進んで創造しようとしたなら、あなたが失敗することなどできません。

もしあなたが莫大なお金を創ったら、私は感謝します。私にお返しとしてお金を払いたいですか？大量のお金を創って！　そして、ぜひ、これらの問いにもう一度答えてください —— そしてもう一度。

ワークブックの問い　第9章

問い1：お金がなくなった時の最終手段として私が定義したものは何だろう？

What have I defined as my last resort when I am out of money?

_____

_____

_____

_____

_____

問い2：これが私の最終手段だとしたら、私が今まで一度も考慮してこなかったことは何だろう？

If this is my last resort, what is it that I have never considered?

_____

_____

_____

_____

_____

問い3：今までと違う何かを選ぶとしたら、それを創造するために私は何になり、何をしなくてはならないだろう？

If I chose something different, what would I have to be or do to create that?

_____

_____

_____

_____

_____

問い 4：私が自分の未来を創造しているとしたら、何を選ぶだろう？　そして選ぶべきものをどのように知るだろうか？

If I was creating my future, what would I choose and how would I know what to choose?

_____

_____

_____

_____

_____

問い 5：どうしたらこれまで手にしていたよりも多くを創造できるだろう？

How can I create more than I've ever had before?

_____

_____

_____

_____

_____

問い 6：私が「間違ったお金」と決めた 10 のことは何だろう？

What ten things have I decided are "wrong money"?

_____

_____

_____

_____

_____

問い 7：私が「正しいお金」と決めた 10 のことは何だろう？

What are ten things have I decided are "right money"?

_____

_____

_____

_____

_____

問い 8：受け取りたいお金を創造するために、私は何にならなくてはならないだろう？

What would I have to be to create the money I would like to receive?

_____

_____

_____

_____

_____

問い 9：お金を持つためのどんな可能性を、私は選んでいないだろうか？

What possibilities for having money am I not choosing?

_____

_____

_____

_____

_____

アクセス・コンシャスネス・クリアリング・ステイトメント

あなたは自分が囚われているものの見方を解除できる唯一の人です。
私がここでクリアリング・プロセスとともに提供しているのは、
あなたを不変の状況に閉じ込めた、ものの見方のエナジーを変えるために
あなたが使うことのできるツールです。

この本を通じて、私はたくさんの問いかけをしました。その中にはあなたの頭をほんの少しひねったものもあったかもしれません。それが私の意図です。私がした質問は、あなたのマインドの介入を断って、あなたがその状況の**エナジー**を捉えられるようにデザインされています。

問いかけが一度あなたの頭をひねって、ある状況のエナジーをわき上がらせた時、私はあなたに、そのエナジーを破壊してアンクリエイトするのを厭わないかと尋ねます —— なぜならそこに留まるエナジーがバリアと制限の源だからです。そのエナジーを破壊してアンクリエイトすることは、あなたのために新しい可能性のドアを開きます。

これはあなたが「はい、私はその制限を存在させ続けるものが何であれ、手放すことを厭いません」と言うチャンスです。

そこに、私たちがクリアリング・ステイトメントと呼んでいる、奇妙な言葉が続きます。

Right and Wrong, Good and Bad, POD and POC, All 9, Shorts, Boys, and Beyonds.

クリアリング・ステイトメントによって、私たちはこれまでに創造された制限やバリアのエナジーをさかのぼっていきます。私たちが前進し、向かっていきたい全てのスペースの中に広がっていくことから私たちを遠ざけているエナジーに目を向けています。クリアリング・ステイトメントは、私たちの人生で制限や縮小を創り出しているエナジー群を呼び出す、簡潔で短い一文です。

クリアリング・ステイトメントをランすればするほど、それはより深く入り込み、より多くの層、より多くのレベルをあなたのために解き放つことができます。質問に呼応してたくさんのエナジーが浮かび上がってきた時は、そこで話題になった事柄が、あなたの課題でなくなるまで、何度となくプロセスを繰り返した方が良いかもしれません。

これはエナジーに関することなので、クリアリング・ステイトメントを機能させるために、その言葉の意味を理解する必要はありません。しかしながら、言葉の意味を知ることに興味があれば、以下に簡単な定義が載っています。

　Right and Wrong, Good and Bad（ライト・アンド・ロング、グッド・アンド・バッド）は次の事柄を短くしたものです：これの正しいこと、良いこと、完璧なこと、正確なことは何？　これの間違ったこと、意地悪なこと、悪意のあること、ひどいこと、悪いこと、恐ろしいことは何？　これらの問いかけの短いバージョンは：何が正しい、間違い、良い、悪い？　これは私たちが正しい、かつ／または、良い、完璧、正確だと考える物事で、私たちに最もしつこくまとわりついているものです。私たちは、それらを正しく持つと決めたために、それらを手放すことを望みません。

　POD（ポッド）は破壊のポイント（point of destruction）を表しています。何であれ、あなたが消そうとしているものを存在させ続けるために、あなたがあなた自身を破壊し続けてきたあらゆる方法です。

　POC（ポック）は、エナジーをそこに閉じ込めるためのあなたの決断に先行する、思考、感覚、感情の創造のポイント（point of creation）を表しています。

　ステイトメントを簡単に略して「それをポッド・アンド・ポックする」と言うこともあります。あなたが何かを「ポッド・アンド・ポック」する時は、トランプで組み立てた家の底辺のカードを引き抜くような感じです。全体が崩れ落ちます。

　All 9（オールナイン）はあなたが自分の人生の制限としてそのアイテムを創造してきた、9つの異なるやり方を表します。それらは、制限を凝り固まったリアルなものとして創造する、思考、感覚、感情、そしてものの見方の層です。

　Shorts（ショーツ）は、長い一連の問いかけを短くしたバージョンです。そこに含まれるのは：これの意味あるところは何？　これの意味のないところは何？　これに対する罰は何？　これに対する報酬は何？

　Boys（ボーイズ）は有核球と呼ばれるエナジー的構造を指します。基本的にこれらは、私たちが人生の中で、効果のないまま、継続的に何かに対処しようとしてきたところに関連しています。最低でも13種類の異なる球があり、集合的に「ボーイズ」と呼ばれています。有核球は、子ども用のシャボン玉のパイプを吹いた時に、多数の房を持った泡が形成されるような感じに見えます。それは巨大な泡の集合体を創り、そのうちの一つを弾けさせると、別の泡がそのスペースを埋めます。

　Beyonds（ビヨンズ）はあなたの心臓やあなたの呼吸を止める、あるいは可能性に目を向けようとするあなたの意欲を止める感覚やセンセーションです。ビヨンズは、あなたがショック状態にある時に起きるものです。私たちの人生には凍りついてしまうところがたくさんあります。あなたが凍りつく時、

あなたを囚われの状態にさせているものがビヨンドです。それがビヨンドの厄介なところです：あなたが今この瞬間にいないように、あなたを停止させます。ビヨンズは、信念、現実、想像、概念、知覚、合理化、赦しを超えた全てのものと、その他のビヨンズをも含みます。それらは通常は感覚とセンセーションで、感情であることはまれ、そして思考であることは決してありません。

アドバンス お金になる方法ワークブック

ADVANCED HOW TO BECOME MONEY WORKBOOK

Copyright ©2017　ギャリー・M・ダグラス

日本語第 1 版　2019 年 4 月 9 日

日本語第 2 版　2021 年 4 月 14 日

ISBN #:　978-1-63493-270-7

出版元 Access Consciousness Publishing, LLC

www.accessconsciousnesspublishing.com